合衆圖書館叢書

上海圖書館 整理

東吳小稿

【元】王寔

歸來草堂尺牘

【清】吴兆騫

炳燭齋雜著

【清】江藩

上海科學技術文獻出版社

圖書在版編目（CIP）數據

東吳小稿·歸來草堂尺牘·炳燭齋雜著 /（元）王寔，（清）吳兆騫，江藩著. 一上海：上海科學技術文獻出版社，2016.7
（合眾圖書館叢書）
ISBN 978-7-5439-7020-5

Ⅰ.①東…　Ⅱ.①王…②吳…③江…　Ⅲ.①文獻一匯編一中國一民國　Ⅳ.①Z426

中國版本圖書館 CIP 數據核字 (2016) 第 082512 號

總 策 劃：梅雪林
責任編輯：孫　嘉　于學松
封面設計：何　旸

叢書名：合眾圖書館叢書
書　名：東吳小稿·歸來草堂尺牘·炳燭齋雜著
[元] 王　寔　[清] 吳兆騫　江　藩　著
出版發行：上海科學技術文獻出版社
地　　址：上海市長樂路 746 號
郵政編碼：200040
經　　銷：全國新華書店
印　　刷：上海中華商務聯合印刷有限公司
開　　本：850×1168　1/32
印　　張：9
版　　次：2016 年 7 月第 1 版　2016 年 7 月第 1 次印刷
書　　號：ISBN 978-7-5439-7020-5
定　　價：78.00 圓
http://www.sstlp.com

《合衆圖書館叢書》重印前言

自宋以來，集群書匯于一編的叢書是我國保存文獻的一種重要形式，歷代刊刻的各種叢書既有利于典籍的傳播，也便于讀者的利用，向受學者的重視。二十世紀四十年代，在我國屈指可數的以圖書館命名編印出版的叢書中，《合衆圖書館叢書》是價值甚高的一套珍貴文獻。

一九三九年八月成立于上海的合衆圖書館是在日寇侵華、圖書文獻遭受被毁散失之際，爲了搶救和保護中華文化遺産，由葉景葵、張元濟等人發起創辦的私立圖書館。該館取『衆擎易舉』之意而命名『合衆』，所藏圖書多來自社會名家的捐贈。其中葉氏、張氏和蔣抑卮、李拔可、陳叔通、葉恭綽、胡樸安、顧頡剛、潘景鄭、周志輔、胡惠春、李玄伯等人將家藏文獻慷慨相贈，奉獻尤多。合衆圖書館在衆人的支持下，所藏文獻日益豐富，類型除圖書外，凡報紙、期刊、書畫、尺牘、碑帖、硃卷、照片、書版等均有收藏。該館在有限的經費範圍内以獨到的眼光不斷搜集入藏相關歷史文獻，成爲一座深受學者關注的以國學爲特色的專業圖書館。

中國藏書家具有將稀見文獻整理出版的優良傳統，不少藏書家同時也是優秀的出版家。作爲一家私立圖書館，合衆圖書館不僅繼承了傳統藏書家的文化精神，更以文化自覺的社會責任感，『志在使先賢未刊之稿，或刊而難得之作廣其流傳。』因此，顧廷龍先生在合衆圖書館開館之年起即籌備刊印《合衆圖書館叢書》。從一九四〇年二月發排第一種書至一九四八年間，陸續出版了第一集十四種，第二集一種，共十五種。第一集共收入以下圖書：

《恬養齋文鈔》四卷，清羅以智撰；補遺一卷，葉景葵輯。《吉雲居書畫録》二卷，清陳驥德撰；補遺一卷，顧廷龍輯。《潘氏三松堂書畫記》一卷，清潘志萬輯；補遺一卷，潘承弼輯。《吉雲居書畫續録》二卷，清陳驥德撰。《李江州遺墨題跋》一卷，清王乃昭輯。《朱參軍畫像題詞》一卷，清葉昌熾輯。《餘冬璅録》二卷，清徐堅撰。《舃舟話柄》一卷，清許兆熊撰。《寒松閣題跋》一卷，清張鳴珂撰。《閩中書畫録》十六卷首一卷，清黄錫蕃撰。《里堂家訓》二卷，清焦循撰。《論語孔注證僞》二卷，清丁晏撰。《東吴小稿》一卷，元王寔撰。《歸來草堂尺牘》一卷，清吴兆騫撰。

二集僅一種，一九四八年二月編印出版，爲《炳燭齋雜著》七卷，清江藩撰。内含《舟車聞見録》二卷續集一卷三集一卷、《端研記》一卷、《續南方草木狀》一卷、《廣州禽蟲述附鱗介述獸述》一卷。

《合衆圖書館叢書》具有如下特點：

一、所印圖書皆爲該館所藏稿本、抄本。其中稿本五種，其餘均爲抄本。此舉正體現了合衆圖書館重視收藏前人著述，關注珍稀稿本、抄本的館藏特徵，與合衆立館目標和叢書的編印宗旨相契合。顧廷龍在《創辦合衆圖書館緣起》中曾説明過該館『古今名賢之原稿尤所注重」的藏書原則，而合衆圖書館創辦人之一的葉景葵不僅收書重抄、校稿本，印書也首推稿抄本。他爲《合衆圖書館叢書》第一種書《恬養齋文鈔》題跋中寫道：『其餘篋衍稿本當竭綿力，陸續刊行，以傳布先哲精神于萬一。』

二、本叢書的編輯出版重視精選資料價值高、册數少的稿抄本，不選卷帙量多的圖書，而是量力而行，以經濟實用的小開本刊印，降低出版成本。編者對所收圖書每種均題跋文，精要地介紹所印圖書的作者、内容和價值。跋文出自葉景葵、張元濟、顧廷龍和潘景鄭的手筆，顧潘兩人撰寫數量最多。

三、叢書采用社會籌款、捐資代印的方法印刷出版。由于合衆圖書館經費拮據，所編叢書的印刷經費主要來自于熱愛中華文化、熱心鄉邦文獻的有識之士資助。顧廷龍曾言：『顧非一館之藏之力所克勝任，緣商同志謀集腋成裘之舉，所選著述以捐資者之意趣爲指歸，各彰所好，各闡所宗。』如李英年捐資印行《吉雲居書畫録》《潘氏三松堂書畫記》；禮髡龕主人捐資出版《吉雲居書畫續録》《李江州遺墨題跋》《朱參軍畫像題詞》《餘冬璅録》《鳧舟話柄》《寒松閣題跋》；李氏拜石軒助印《閩中書畫録》；袁鶴松、潘炳臣、冷榮泉、楊季鹿四人合作資助《里堂家訓》；陳文洪贊助《論語孔注證僞》《東吳小稿》《歸來草堂尺牘》。《合衆圖書館叢書》的推出是中國圖書館出版史上利用社會資源集資出版的成功案例。

四、叢書的編輯整理凝聚了合衆圖書館創辦人的艱辛勞動與心血，葉景葵、張元濟、顧廷龍、潘景鄭直接參與了圖書的整理與出版過程。他們除了撰寫跋文外，還對所出圖書做了校閲、輯録、補遺、繕寫。如葉景葵在整理稿本《悟養齋文鈔》時，另訪得集外文輯爲補遺一卷附後；顧廷龍也參閲他書，爲《吉雲居書畫録》校閲補缺。他還爲了節約經費，親自手寫藥水紙直接上石印書。在他們的主持下，確保了圖書的出版質量。

《合衆圖書館叢書》運籌于合衆圖書館創立之時，出版于時局動蕩、經費窘迫的圖書館早期發展階段。這部叢書歷時八年衹出版了十五種，未能實現初期的願望，顯然是一個未完成的出版計劃。這是由于抗戰勝利後，社會經濟凋敝，物價飛漲，圖書館財力日絀，無法再續出版了。但這部小型叢書正體現了合衆前賢不畏艱難、千方百計致力于文化傳播的理想，以『衆擎易舉』的理念，不僅開創了現代圖書館文獻收藏得自衆人捐贈的奇迹，而且在圖書館文獻出版方面也開拓了民間集資捐印的成功實踐。特别是顧廷龍先生曾言：『編纂的目的，專事整理，不爲新作；專爲前賢形役，不爲個人張本。』這種無私敬業的精神，令我們圖書館後輩無限感佩。

如今，整理出版館藏珍稀文獻已成爲圖書館文獻再生性保護的重要工作，本館同仁效法前賢，近年陸續整理研究和影印出版了一大批館藏稿抄本，既有圖録型的《中國古籍稿抄校本圖録》《上海圖書館藏明清名家手稿》《上海圖書館藏稿本日記》《上海圖書館藏中國文化名人手稿》等著作，也有文獻型的《上海圖書館藏明代尺牘》八卷、《上海圖書館未刊古籍稿本》六十卷和《蔣維喬日記》稿本三十卷等多卷本的稿本圖書，爲揭示館藏、服務社會做出了不懈努力。在國家正在全力推進中華古籍保護計劃之際，重温圖書館前輩搶救珍稀典籍、傳播中華文化的業績與精神，深感傳承和保護祖國文化遺產是我們的偉大使命和光榮職責。因《合衆圖書館叢書》問世已久，流傳日稀，在上海科學技術文獻出版社的支持下，予以重印出版，以應學界之需。

黄顯功

二〇一五年十二月于上海圖書館

東吳小稿

【元】王寔

東吳小稾

合衆圖書館叢書

第十三種

一

此書承鄭陳文洪先生捐
貲印行中華民國三十四
年四月合衆圖書館志謝

東吳小藁序

繹曾聞文章之法于先人矣一曰養心二曰讀書世養心有道澄之太清本之以太極致之于太玄濤之深涵之精而得之也真斯有以為文章之地矣讀書有要三皇鑽之五帝研之三代泳之先秦游之蓍龜之賾鼎鍾之象禮樂之度竹素之文羅缺抉隱旁搜眇索斯有以見文章之體矣譜世有實富貴之態貧賤之情得失之故休戚之狀善惡之效情僞之趣稽之古驗之今體之身隱之心昭然的然斯有以為文章之用矣取妍而不鑿去陳而不俚聲不精吟不絕於口文不當筆不屬於簡氣以貫之理以平之神以明之千變萬化不出於題韻文主音敘文主事議文主理宜詘則簡宜信則詳樂則生文哀則從質漢唐百家具載其體此繹曾之所聞於先人也王君安節方

昌於文敢以是告是為東吳小藁序至正元年十月廿八
日將仕佐郎翰林國史院編脩官吳興陳繹曾敘

東吳小藁　楳著

一

東吳小藁

襍著　　　　元晉陵安節王寔

古錢銘一首

粵若稽古錢始太昦高辛陶唐泉貨可放禹水湯旱饑饉洊臻鑄山莊歷罷民復春三幣以降九府是需內方外圜輕重以銖元狩白金元鼎赤仄因年紀號變名易貨或載州郡或稱布泉逮及楮幣子母權爲形制稍殊品彙或異鼓鑄之良千載孔顯輪郭肉好鉼薄渾融經國濟時漸被所同載觀外域罽賓月氏人首馬鬣文制罔稽猗歟皇元準酌今古經權有恒楮幣無迕維潤齋氏蒐聚若金太府是徵庶幾古心

尊德性齋銘一首

俟皇建極降衷秉彝匪智或全匪愚或欺繫此德性心之

一一

所存其克存者道體之門德欲明之性欲成之克明克成惟尊名之德性斯尊問學斯道僉彼先喆是則是傚曰先喆維何涵泳肅欽四勿唯囬三省唯參其人遠矣其言昭只凜乎日星湛然山水嗟我人斯克憲滌慾致精微廣大俾所尊不梏中庸云云尊以式爲及其至也鳶魚天淵躍子齋居曰尊德性我歌我詩因以自警

孝感泉銘一首

有冽彼泉孝感所致孰云孝感蕭漢臣氏猗嗟蕭君孝心孔純畚土壘石以甃所親親其遠矣心乎昭只神明所彰彰泉如躍鯉烏兎旋旋松楸芊芊濯彼壓惣有冽斯泉泉兮可斟清不盈勺孝子不匱千古昭焯

節婦銘一首 為宋亮母張氏賦

猗嗟若人純懿貞烈偘偘節行天地對越若个謂何宋母

張氏秉心塞淵秋月寒水良人蚤沒凜乎不改惸惸寡居踰五十載天之相之壽幾八袠一子巋然克承貽燕謂天蓋高我訴莫聞謂地蓋厚我志莫伸天何不幸不能偕老然豈不幸高節世表曹令女與巴寡婦清照映信史古今同名既當於前必昌其後有蕃其孫菊榮蘭茂巖巖墓銘光照幽泉清風肅如過者式焉

正夫銘一首 子山平章所書足齋楊廉使之季子朵尔直班

乾坤閒氣磅礴氤氳正人得之忠孝具存維此正人卓乎兩間不撓不屈是名直班斯何人斯關西之裔清白相承賢乎其季偘偘勁貞溫溫粹容言議剴切正直所鍾文獻是徵烏臺仕始白雲有懷若脫敝屣中外聞之罔不悅服天爵為貴人爵可勗斯正心之士所以不惑于理斯正德之倫所以不虧其節方寸炯然凜乎昭晰緬思古人功在

集義擴而充之塞于天地山公大書碩誕不違輒也我師
其殆庶幾

壽亭侯印銘一首并序

歲丙戌九月之望晨謁侍御史松年公出示古銅印一圍
徑可二寸五分厚可寸半許左右四旁皆有竅竅之中彷
彿見刻紋若款識者銅色冰澤瑩潔朱斑樵點螭虎旋綰
其中鐵環實貫于上若行軍備帶之物視其章則壽亭侯
印也篆文遒勁徵樵漢隸體寔閟其所自公之猶子卜顏
以兩淮鹽司差委之役監濬汴淮淤塞後工得之衆莫能
曉於是裹置公所公舊藏荊門玉泉寺趙宋所封關王三
印刻在焉取以證之允若符節蓋義勇武安王侯封時印
也王以偏將軍刺顏良於萬衆中遂解白馬之圍繇是即
表封為壽亭侯此其印也銅製圭角渾圓鐵環鍥薄過半

歲月悠久水土磷泐寶千有餘年矣豈造物者有待而出耶延陵王寔見而歎焉爲之銘曰

桓桓義勇古英將侯錫壽亭功所克印纍纍兮彰武德名恭恭兮身罔測嗟此印兮郵復得盤蛟螭兮閟玄液贊鐫環兮表忠宜篆適勁兮水所泐歲月邈兮千有百靈物出兮元丙戌摩挲媕婀婁太息誰其證之玉泉刻公其寶之永無斁

姜氏汲江圖讚一首

猗唉姜龐孝心乳純日汲于江以奉其親婦不爲勞姑不爲慝神明所彰湧泉躍鯉滔滔大江悠悠我心貞白不渝清風古今

台州路揔管太中焦侯德元送行詩序一首

延祐甲寅聖天子神謨首出詔天下行科舉廻斡文運於

三

曠絶寥闊之中繇是瀕海外内翕然嚮風民俗丕變釋耒耜以談經術而六經之道皦然若行天日月夫六經者古先聖人治天下之大經大法寓乎其間者也用之則民極立用之則國脉壽用之則世道昌用之則民物阜道德仁義經之本也禮樂刑政治之具也儒者舍是無以為學為政者舍是無以為治三代而下莫不皆然秦弗能用旋踵而亡大矣哉經術有關於治道也如此於是單父焦公德元繇東平鄉舉進禮部明年登乙科賜同進士出身歷既久階級已崇西清禁近盖卅年于茲矣今天子軫東南民力之艱慎簡侯牧著為令典公自京畿貳出守天台郡天台居東淛上路號称繁劇居是職者至不輕也夫令之郡守即古之刺史郡守之寄民生休戚之所繫在焉漢宣有言庶民所以安於田里而無歎息愁恨者政平訟理也

與我共此惟良二千石乎豈非難其人而重其任哉嗚呼
令之為郡守者類皆循資而致賢否混淆孰知所謂撫字
愛民者哉又孰知所謂好惡恤民者哉惟我侯則不然以
孝弟致身以豈弟行政以清慎自持以循良自守不共〻
以張其威毋矯〻以撓其俗其上斯郡也請以興學勸農
為先務以安民厚俗為最績如此則上不負側席之憂下
不負吾所學庶幾乎古之循吏也古者郡守有惠政於民
則或入為右扶風或入為左馮翊或入為大司農太傅所
期所行當以尹翁歸韓延壽朱邑黃霸自勉列傳所載古
今燁然同俾羣公覵羨西漢謹敘

送相德謙江浙行省掾史序一首

聖天子之馭天下也一視以同仁篤近而舉遠中外相府
欽承上意以紀綱維持之故其辟舉從事郎吏歲各有差

四一

自非清慎廉能確守箴規者不獲與茲選此德謙所以能
膺江浙省府之辟命也德謙以蒙古按攤台人氏由乃父
柏堂應薦分宜縣事分宜於袁號稱繁劇而德謙發軔之
始卓然有能聲臨事勇決不為郡府之所移奪人皆偉之
再任吳縣簿較之分宜尤為優也既代也浙省用薦者言
辟為職官掾史之職例以正從八品流官為之後三十月
階正七品矣視隨牒銓注緩則稍優焉而德謙之才美亦
綽有餘裕矣昔王子師辟荀慈明孔文舉為幕府董晉公
辟韓退之為從事照映簡冊古今以為美談今德謙往應
浙省之命當職其所職而事其所事不背曩昔庭訓之嚴
以忘其本清慎以持之誠慤以守之毋洩忍以取容毋矯
飾以干譽不僥倖於一時期聞望於千古則斯職也猶茂
才也猶孝廉也猶循良吏也視昔人所辟同一軌轍尔吾

何慊乎哉崔徒曰簿書期會而已謹序

送吳秉禮巡檢秩滿序一首

巡檢古徼巡也掌訓練遊邏擒捕寇竊幾察防送等事職雖微而責甚重非有材幹勇武精敏剛決者其能稱斯職也鮮矣吳君秉禮世為宣城故家以譯語致身受江浙省差權巡檢無錫新安鎮事新安當北南之衝賓為閩浙往來之控雄藩大府錢帛貨賄舟車綿絡日不暇給上官達人遷轉委任逢迎之煩靡憚勞勩吳君能職其所職而事其所事起廢以新之程督以厲之夜柝不鳴犬息生甿鄉都寧謐民獲安居視古之通材可無愧焉今年春及期而代將還故里請贈言以行贈人以言非僕所敢當憑藉以為官無大小在為之何如耳昔曹光實為黎雅巡官安集勞來民夷懷之太祖意而召之曰汝蜀中之俊傑也照睽

簡冊古今不誣秉禮之去也明年上京師必有金閨碩德之彥拔置周行之間豈但為九品官而已雖然予程子有曰一命之士苟存心於愛物於人必有所濟請以先賢之言為贈秉禮其勗之謹序

題山海經畫一首

天地養萬物口有濟於世必有誡於世蒙莊漆園有夔蚿風相憐之諭豫章太史有癡黠螗捕蟬之說皆有餘有不足者也世之人以山海經為畫禽而飛者或無容物之量或無噬物之利所以誡夫貪得者意有在也使冥迷之徒見之不泚其顙必愧其心坦腹便便汝何人斯豈其徒歟董子有言予之齒者去其角傅之翼者兩其足吾觀此而益信

送楊足齋廉使上河西序一首

聖天子臨御九有以得賢才爲致治之本何則賢才者邦家立太平之基民生休戚所繫在焉不可不慎也歷觀古昔君臣治道之美詩之棫樸書之立政可見矣三載考績三考黜陟幽明唐虞三代之法也漢唐而下雖有善最之目書殿最之績以彰其能否非人才治效之不古若由其考績黜陟之法不明乎三代故也天朝統一立綱陳紀井然不紊外而郡縣以齊其民俗上而臺憲以肆其姦貪可謂得其要矣於是足齋楊公自僉副閫海浙東二道以還被綸音膺重選以使河西道河西當漢陝要衝人才闓望非素所譽碩旋以服衆心者疇克勝是選寔是職也哉且公自壯年際遇明時致身清要敭歷中外聲譽日著氣岸峭拔確乎如金石之堅立議剴切凜然有涇渭之別論及時輩必曰某也回某也忠某也佞其方寸可知者如此載

觀西漢武帝時汲黯李唐太宗時魏徵之二人者立朝大節犯顏直諫忠鯁不渝千載一日載之信史昭乎如日星也其致君澤民之術盡忠補過之道當以黯徵為法列傳昭焯庶乎可儗美矣謹序

震亨字說一首

至正六年左藏庫提點武略公被命使閩中以脩作服設明之寄黼黻纂組彰施有序功既畢工閩之人且立石以頌焉既還弭節于京口玉山之上以其字震亨蘄予為之說余謂易之為道大矣震之為義遠矣竊觀震之為卦也一陽生於二陰之下動而上者也陽生於下而上進則亨之義著焉天道以生意之長為亨而四德之禮即天道之亨也不曰動而曰震者震有動則奮發生物之長也其象為雷其義為動然震之為義雖遠而處震之道當以誠敬

為本周旋恐懼脩飾循省畏天之威察己之譽如是則庶乎保安寧而和達矣原夫天地之閒人心之微轇轕紛挐喧隧窒塞形氣之私利慾之蔽汩焉蕩焉莫知天爵之所尚非夫誠敬有以將之則終焉而已耳且誠敬之至非震雷之威使之恐懼則是心何自而生雷震之道何自而至哉故曰震驚百里不喪匕鬯如是則恐致福也如是則後有則也象曰洊雷震君子以恐懼脩省詎不信然夫誠敬者聖賢教人為學終始之功充得盡時天德王道此誠敬也精義入神亦此誠敬也鼓舞氣象此誠敬也中庸極功亦即此誠敬也雷震之如此則震之為義不既遠矣哉武略公數闕世冑純粹向進仕於時所至有能聲請以誠敬二字為雷震入德之義日就月將漸磨惕勵顯微無閒則內外一致矣希聖希天之妙用循而致之公其勉乎哉公

七一

名系列帖木兒中書平章政事齊國公之嗣子也明年正月廿八日延陵王某敬書

擬唐直門下省馬周除監察御史誥 貞觀六年 江浙鄉試

蓋聞致治之道得人為先風紀所司任賢為重朕祗服洪休纂承丕緒宵旰惕勵若涉淵冰思得倜儻貞亮之士以盡委寄折衝之才延者嘗勅所司俾言得失中郎將常何以馬周條陳便宜來上言議剴切謀識淵深趣名以前相見恨晚比直門下與論所多由是擢為御史之職獻可替否精白一心激濁揚清糾繩庶府薦賢受上賞庶幾可有知人之明也往服延職無替朕命則予汝嘉可

擬唐袁州刺史韓愈除國子祭酒誥

朕惟胄監者京師之所重祭酒者天下之所尊官以祭酒為名學乃育材之地翔禮義之攸繫寔風化之所原爰稱

是職夙難其人袁州刺史愈文足以經濟明時道足以師表後學曩在先朝頗彰愚直極言佛骨遂貶潮陽甫及二年已叨恩宥量移近地允愜輿情今特俾汝生還抑亦知所死報爾茲清要全汝忠良可國子祭酒欽哉毋替朕命則予汝嘉

擬漢景帝令二千石各脩其職詔

蓋聞爲政之要莫先於牧守：：之賢否生民之休戚繫焉我國家承秦之敝掃除苛刻與民更始惟我孝文本以恭儉天下嚮風黎民醇厚朕之菲薄獲承丕緒此心之憂若蹈虎尾迺者歲事不登民食不繼朕甚憫焉中夜以思厥咎安在豈游食者衆而力田者寡歟或雕鏤纂組以傷農事歟其令二千石各脩迺職以盡厥心使吾民安於田而無歎息愁恨者政平訟理也賞不汝恡罰豈汝私

八一

紓志賦

蹇予生乎堪輿兮獲隋衰之隸彝匪聖懋其或全兮匪下愚其或斠爰中立以參贊兮搽仁義以內持具衆理於虛靈兮應萬事以不欺咲物慾之轇轕兮紛利名之騁馳問迷途以眞指兮開盲聵之埋晦倏遡頹以復其初兮信吾生之有之申誦詒於五典兮蕘被服乎四維仰前聖以斂衽兮蹈圓方之矩規漱芳雋於藝圃兮載游心以胠篋偉聖謨之嘉言兮揭行天之日月極瞻忽以鑽仰兮絜度凜乎罔越惟十五以勵志兮較鉛槧於錙銖豈𡏚道之淵玄兮若涉津而無涯愧寒暴之猥陋兮憂歲月之邁逾思斆學之功半兮寔有犯乎好爲安得神工之巨斧兮鑿戶牖而剖藩籬俾頑冥之昏默兮昭洞達乎町畦懷舜水以怡顏兮勉穿鑿於訓詁湯隨羣於有司兮諒直言之所迮視井

一

黜爲辱榮兮錦牓中之龍竟念天閽之岧嶤兮恨跬步之
不武授遺編以興懷兮歎立身之無補藁萬言思質上兮
何必懷此土也謂當適之明哲兮豈遺佚而不古也清玉
石以俱焚兮慨涇渭而不分襍瓦缶以雷鳴兮毀黃鍾而
弗陳讒屈平於汨羅兮江流哀以莫伸悼伍員之忠憤兮
賜屬鏤以殞身鄙會稽之愚婦兮安知夫良人之棄薪念
新豐之逢旅兮繼舊鼓乎搢紳懷鷄鷹以淬礪兮寧不有
慕乎古之人曾日月之幾何兮失終天之怙恃廢蓼莪之
篇什兮眷予心若瞿瞿　去聲春暉寸草之不可報兮耿明
鼓而不寐遄畚土以成丘兮鬱松楸之蒼翠情憤菀而不
紓兮心或放而復求感中夜以避恩兮或遇坎以棄環信
天運之有屬兮勿下上其怨尤逝者其不返兮冀來今之
可佯鼓往牒而徵跡兮尚庶幾乎進脩

九一

擬竹書賦

結繩絶書契列科斗滅竹簡揭偉哉人文之懿凜乎前聖
之烈粤稽邃古邈哉遐乎文教昭彰陶唐有虞眇九丘兮
八索煥二典兮三謨詰曲聱牙渾蟲名於魚魯縱横艱澀
籀鳥跡於漆書豈篆籀之變易何隸古之是拘盍楊脩不
能識其體而子雲未之儗其奇也於是摩抄拂拭吟詠久
之匪六體之所變豈八法之所同匪春蚓秋蛇之綰結豈
翔鸞翥鳳之軒翀截淇川之勁質削嶰谷之秋筠資策牘
之妙用範郢斲之良工載緝載編殺汗青於尺只爰稽爰
度異金石之磨礱戢戢兮編蒲之製離離兮折簡之宗或
方而矩兮異卷舒之有度或駿而跛兮神變見之無窮駊
駴兮若口鳥之吸澗跳梁兮宛脫驥之奔風羌字體之變
化兮迹軒頡於史籀歌周宣之鴻雁挹冰斯於鷇日雖石

鼓斷缺而不可讀兮尚義馬其魚或得之於八九模點畫於彷彿索陳編於何有慨榛莽之翳洗山蒼蒼兮北斗若夫孔壁之所閟藏伏生之所口傳魯共身堂金石載宣不有博雅曷知其然是書也或紀年於太□□□□□蹟或垂制作於茫昧或洩□□於鴻濛搜往聖於栗陸徵往□□羲農下逮漢陵汲塚之類張華束晳之論蓋庶幾其辯洽或可詔來世以啓後學之聾蒙也哉洪惟天朝握乾符闡坤珍車書四海同軌同文武功既偃文治日新竹書閟兮古道泯竹書闡兮聖代春沐浴兮德化樂育兮至仁噫嘻無懷氏之民歟葛天氏之民歟

擬龍門賦

洚水息氐極立底柱屹龍門闢岌岦崴嵲巀嵲岉崱上摩帝青九萬俯壓坤軸千里浩瀚汩濡淴渺滅溔而旁注積

十一

在者禹昔余汎舟以淩浩蕩兮溘天風以遨遊訪大禹之
神蹟兮羲歷覽而遠求粵自西河北東而發軔兮歷華陰
而孟離曰洛汭邳陸而碣石兮又東北之所經山峽者其
闢豁兮大河磬東於其間吾不知其幾千萬里兮淩倒景
之茫然怒濤挾風歕薄而颲飅兮聲萬鼓若震霆峭壁削
鉄突兀而憸怔兮垂萬仞若建瓴勢澎湃而奔激兮若怒
驥之脫閼呂梁灩澦之舂撞兮殆猶鯨海之波瀾齧石齒
齒如頭角兮寶羣龍之所趨兩岸壁立而撐突兮崔龕赭
之是樞是謂龍門兮鼓鼉隱見而騰驤天吳屓贔以轇轕
兮海若為之遁藏百獸遇之而辟易兮若見夫鱗甲之翕
張灑霧雨而沐烟雲兮披蒙茸而躋扳捫雲蘿而陟險絕
兮控海門之驚湍草木蘢蔥而繆糾兮虎豹貗貐以守關
乘青雲而攀鱗兮俯視乎摟〻之塵寰拜禹廟之巍峨兮

叩復歷之艱難舟車輶櫟之所載兮慨胼胝之八年耿予
懷而遐思兮究河山之斷處豈疏鑿之勞勩兮亦齟齬之
是去決水勢使流通兮承舊說之相傳河之故道孰得而
窮兮徃彷徨而悵焉懷奉先之招提兮羌無人乎少陵鄙
時輩之及門兮又何羨乎李膺坐太息以窺奔流兮廓余
雲夢之心胸見羣魚動盪其鬐鬣兮咸戢脅而噞喁蒼雲
四垂而眾水立兮䕺溟滓而開鴻濛中有赤鱗之奮迅兮
候桃浪之春融巉巉頭角之崢嶸兮尔何久困乎此中也
躍禹門而變化兮吾不知尔之為龍也儗之鱣鯨之步武兮
匪游儵之所企也服雨露之光華兮豈螻蟻之敢從也吁
嗟諸生之蒐獵兮蟄藝圃而潛蹤既從試於有司兮遊奏
賦於南宮披琅玕而攄忠兮仰聖德之昭融匪獨究龍門
之禹蹟兮尚得以擴大義於江漢之朝宗歌曰

十一

飛龍在天萬國朝兮天門九重鬱岧嶤兮聖人御極世作
則兮鰥生歡賦沐浴聖澤兮

醫說贈戚遵道 代朱子中知事作

太極既判光嶽肇分二氣著爲三才立爲五行定爲七情
出爲烝民之生林林總總有不得遂中和之正者則疾病
生焉於是黃帝氏作爲生民立命品萬藥之性開醫道之
宗俾躋仁壽之域以全天賦之命大矣哉有功於天下萬
世也至矣昔秦緩窮神極思謂上醫療未萌中醫攻有兆
定死生存取舍起膏肓鍼痼疾如泥屬埏如金在鎔如卞
和氏取璞辭如九方皋識孕馬望爲聞爲死生決矣斯所
謂神聖功也斯所謂上醫醫國也其次則察之以脈逢之
以意世遠道喪玉石混淆負笈篋以名醫峩冠帶以衒世
表裏莫識榮衛同分戕賊蘗庶者不可勝紀悉識所謂未

藹有兆意達脉察者哉余於京口得戚君遵道爲遵道以醫傳三世矣表裏榮衛陰陽内外罔不精究脉以明之藥之濟之誠以守之其醫之良者乎僕寡嫂黄氏年逾六旬疽發於鬢之左痛苦殊甚其子延邏閩南遠莫能致賴遵道以藥攻之補托于裏毒潰于外幾月而愈遵道之用藥若老兵戡禍亂指揮之下罔不奏膚其存心之誠庶幾矣乎感之不足輒綴斐詞以彰異之嗚呼先民有言達則爲良相不達則爲良醫余於遵道深有望焉謹序從仕郎鎮江路揔管府知事朱文璞子中甫贈晉陵王寔譔并書

欽鎮江路揔管李中大夫惠民政績

皇元混一區宇聲教所及罔不臣妾聖天子撫臨萬方勵精圖治憂民恤民之心堯舜之心也乃者屢勅中書以慎擇守令爲急務何則守令者民之父母民生之所賴休戚

十三

一

之所繫不可不慎也於是僉江北淮東道肅政廉訪司事李公某實與選掄以中大夫行鎮江路總管鎮江當北南衝要素稱繁劇未易理也公下車之始一以德化為先循良豈弟勤敏恭遜獄有久滯者即疏決之事有未便者即更張之民有強梗者即鋤抑之吏有不叶者即沙汰之閱兩月間民俗丕變捄敝補漏百廢具舉增垻江粮若干石復贍學田若干畝而又疏民瘼六事以上于行省（一曰公田租重　二曰夏麥折米　三曰酒課額重　四曰揚州站重　五曰下蜀站赤　六曰工多匠少）辭曰困民之大弊也欲民瘼少甦勉從所請省既從請宰臣悅公所言馳官酒以慰勞之維揚王府聞公所行遣牲幣以彰異之公銳意於治每遇事則勞心焦思載星出入日不少暇而自奉泊如心古人心法王者法黃童白叟之徒或歌詠于道或歡欣于市於是城之居民師老稚百餘

焚香然燭拜伏于黄堂之下大書其帛曰鎮江路揔管李中大夫惠民德政丹徒江口之民亦如之而至真滁之民涉江又至播聲詩以彰令憲之善政也嗚呼此豈使然而然哉此豈矯揉為之者哉期年之間治效昭焯遐邇著聞中書省用考績之言上徹聖聰錫以纁帛且移文行省旌其勤以厲其餘榮矣哉大江之南公之治平為第一僉曰自歸附以来未之見也可謂上不負聖天子慎擇守令之意下不負斯民也愚觀兩漢四百餘年之天下傳循吏者十有八人愚嘗感焉而原其故蓋遷固立傳之法以德化為先位高顯者不與任刑罰者亦不與文帝時河南守吳公為治平第一史無可考而附傳於賈誼原其所自蓋嘗學事於李斯則其称治平者非任刑罰之所致歟宜乎不傳之循吏也孔子曰道之以政齊之以刑又曰道之以德

十三一

齊之以禮德禮所以為出治之本三代化民之意如斯而已後世煩刑毒賦以煅煉其民而民不治烏識聖人德禮化民成俗之意歟嗚呼三代之得天下也得其民也得其心斯得民矣古之治天下者以得民心為難今之治天下者尤以得民心為難民心得則天意合矣治道平矣雨暘若矣百穀登矣休徵之驗蓋如此令李公之為斯郡也立法寬平用刑簡恕有翼翼之德而無恭恭之威得古人撫字循良之遺意詩所謂豈弟君子樂只君子公其似之常之民王寔寓客于斯也聞嘉言善行以愜于方寸者縷縷不絕後當有大手筆頌遺愛以勒堅珉上太史以著列傳予非佞也敢敘梗槩以闡隱微庶幾為來者勸復系之以詩詩曰

桓桓李侯　方寸炯周　張月素秋　來牧夔城　出入

戴星　百廢具興　爰拯斯民　爰䘏蹇屯　心希古人
立法如馭　用刑尚恕　蠒絲旋除　民強以欺　我條
煢之　民心以衷　民弱以瘕　我撫綏之　民歌以嘻
為政一年　政成咼遄　遐邇翕然　旌別淑慝　遣使
考績　我侯可則　帝曰嫩矣　我守克己　我民樂只
乃溥恩澤　乃錫纁帛　乃昭令格　惟古刺史　如東
同軌　承々一揆　令聞令德　愈久愈迪　真二千石
大江以南　民庶林々　是則是欽　勒々穹碑　播之
聲詩　永垂民規

詩四十二句百六十有八言共計一千二百卌字
至正九年三月五日寫四卷付
都省差來官將去又二卷寄江浙蘇叅政

送劉景賢調江東憲司書吏序

十四一

國朝用人之法有二曰儒曰吏儒者讀經史數千萬言試
有司有得失之患或數舉不薦或薦而不第吏則不然涉
獵古今期會簿書而已憲臺以俸吏歷三考陞各道憲司
書吏由憲司而察院若行省行臺掾史循資而上不數十
年閒登顯要者班班為吁以儒術飾吏事其致身之密真
所謂終南捷徑回視儒者以經史試有司拔一二於千百
中冀晉齊壤之閒景賢憲史先生真定故家種學積文由
儒入吏自中臺歷俸及格移補浙西又復及考今則例調
江東憲府艤舟江滸徵予序為餞予聞江東乃人物故墟
有江山勝槩簡書之暇旁蒐遠覽登敬亭山上峨眉亭弔
騎鯨之謫仙訪風流之王謝俛仰興懷今昔一視庶幾乎
陶冶性情敷陳風雅以發其生平所蘊不亦偉歟雖然憲
府乃臬司也控抚百司按臨諸郡當出巡時澄心厲志以

叶贊於繡衣使者之前行寬平之訓令毋赫〻以張其威毋皦〻以飾其行毋以喜怒枉其法毋以激揚擅其權如是則職所職而事所事天理民彝昭〻然明白洞達於方寸矣若夫臨别贈人以言請以柳〻州所著吏商爲贈餘不贅至正九年八月謹序

多稼五章

多稼頌李侯也侯爲潤州有豈弟而無鄙夷故民得遊畊鑿作息之志焉廼己丑之秋霪雨浹旬陰霾四塞民心憂危懼傷禾稼侯即夜詣神示潛心默禱其意若曰天子之臣某命牧于玆土前之時旱既太甚禱于神即雨以甦蘊隆之憂今玆仲秋〻雨欲潦禾稼不登民食靡續是某孤天子之命虛民社之寄也謹再拜頓首以請神之聽之貺響隨應越翼日涼飈祥日光被四表民心怡懌喜劇欲舞

十五
一

我農我民懇〻皞〻期於平秩西成也必矣是禱也雖由
神聽格致之靈賚惟我侯精誠之閟有以啓之也天人兩
閒感應之理微矣休徵之效著矣乃作多稼之詩以頌焉
後有採詩之流或摭以片言上于太史庶幾侯之心古循
良之心也詩凡五章一章九句一章七句三章〻八句
田有多稼翼〻彧〻秬秠穈芑稙穉重穋載穮載薅稂莠
是斥螟蟘是息長廊百穀田祖是勖
田有多稼與〻薿〻式耘式耔迺稷迺黍于彼南畝攸燕
攸喜以御田祖以歌樂只
田有多稼芃〻畟〻疆場是減黍稷維稄穫之積之載栓
載粟斯萬斯億
田有多稼伊誰之功能闢衛雲維侯之忠曰暘曰時曰雨
曰風感應之幾天人攸同

田有多稼伊誰之力民之歌之我侯之德侯曰不有神介
爾廸稽首萬年惟皇之極

吏要如何齋記

吏要如何者外兄李仁仲氏所以名其齋也兄之意若曰
余幼讀父書習吏事試用于州若府積於今幾卅載矣幸
而不墜先業得承乏于丞相府史余襪綫才眇乎歛然仰
視達官貴人曾不足以追轍青雲步武回視闒茸土苴輩
又何啻什百耶此奉〻自足之心無慕乎其外之謂名齋
之意蓋如此寔聞而善之為之解曰中庸不云乎君子素
其位而行不願乎其外老氏亦云知足不辱知止不殆其
兄之謂乎原夫天壤間林〻揔〻人心之微欲海之深轇
轕紛拏日趨日遠能自足以安其分者蓋鮮矣惟兄也卜
居湖山之勝品藻東南之會九鎖六橋烟雲雪月詩名畫

夫
一

史不在乎指顧之頃則在乎几席之下其得於遊目騁懷
者如此有旨甘足以奉所親有壺觴足以待賓友不以送
迎為虛禮不以邊幅拘小節商推古今忘乎物我其樂於
心快於欣遇者又如此暇日則幅巾鶴氅鳩杖芒屩徜徉
乎吳山越水消搖乎琳宮梵宇蒐獵奇秘追訪古蹟或張
布颿或吹洞簫蕭然有塵外高致時人比之陸龜蒙張季
鷹也每言曰余僕秩滿辱贈我先父母上品階即告老矣
他無望焉身軒冕而北鑿名簿書而心泉石其寉情雲薄
者歉歉之情求至人思玄虛之志庶幾追之唐柳々州著
吏商言廉吏以行為商汙吏以貨為商行為商則名尊身
富為利甚博貨為商則貶廢隨而殺欲興其言質直深永
昭々乎福善禍淫之誠宜雋味也兄之涖政也明達簡敏
趣識翕弘不矜不伐不愧不作衆棄我舉人取我與若不

混於流俗者其方寸所存誠有合於行簡矣曩在浙東帥
閫時閫帥某察其廉厲授以民賦役事凡率屬縣倡三等
九則之法井然不紊衆服其平丞〻是則至于今不廢且
刻石以彰焉即此而擴則平昔事〻可見矣他如理遣非
意之干情恕不及〻請乎咨遠近書疏思如湧泉無凝滯
無怯情幾於無不可者今年夏寔客兒所居凡四閱月棲
遲偃仰之間吟嘯食飲之頃一則曰更要如何二則曰更
要如何其自足無慕外之心藹然的然非矯揉所致者齋
之左為藏脩息游之地題曰懶漫又自號曰懶漫道人系
之以詩〻曰
更要如何宅心不頗廓其有容悟乎靡他仰觀俯察放浪
馳騁得其所樂神會心領蕭然齋居左圖右書湖山雪月
吟嘯宴如京塵滿書局絆如縛突梯滑稽蟬蛻雲衢不為

十七
一

利謎不為名信濁醪天真心乎古人更要如何知止知足不慕不競不殆不辱萬古我前萬古我後陶然兩忘物我無諂奉親以孝交友以誠誠存不渝乃見性情維仲長統消搖樂志呼翁云虛今昔一視幅巾野服鍾鼎山林廉吏行窩庶幾古心

送丹徒教諭舒道原序一首

天下之人材本於學〻校〻之興廢存乎人得其人則學校興而人材輩出非其人則二者俱廢理由然也皇元建國垂七十載邇陬僻壤聲教漸被同軌同文之時也士生於斯世沐浴聖化於鳶魚飛躍之中何其幸歟古潤之屬邑曰丹徒邑庠之剏始於己未大成殿敝以茨廡非古制也且偪仄湫隘殊無深嚴之體邇〻來教諭者以廩稍不給荒陋寒閴不能自存或四三月或幾半載輒以他故引去

故因循苟且無有作新改𢍰之志焉至正七年六月錡君
道原來掌教事謁拜之暇延覽周廻謂殿廷□若何以示
尊崇聖賢之禮意歟即具述以白郡守□侯〻即俞允劃
以郡庠餘帑若干緡付道原改作侯實俾余視其役而同
其出納焉道原乃直朋一錢尺木靳余筆之余雖旦暮視
工〻不肯〻以錙銖苟蓋道原不以私意見欺而余亦不以
用度見疑洎畢□能無閒言易去前廳制稍近古宏展拜
之基增先賢□祠飾以□□□以面地輪奐丹堊輝映林
木非復曩時簡率比皆道原心志期於有成也且立石以
紀顛末而道原之名殆將垂不朽矣後之人來諭茲庠者
總〻弗替其庶幾乎若夫脩齊治平之方忠恕知行之義
則有六經之傳注在於脩學盡無與道原茲告代又將去
此而掌教於郡府有日矣其端本澄源一以公天下之心

十八一

自處則視斯職也猶國博士也猶孝廉吏也其進趣步武詎止此乎邦之大夫士咸為歌詩以贈其行余於道原篤斯文之誼輒序引而不辭道原名迪能詩文其餘力又工於篆隸世居江東之徽州云九年乙丑十月既望東吳王某序

陰陽葫蘆銘一首 為林庵太守賦

有端者瓠並蒂雙寶外分混沌內合太極二氣交媾妙合而凝絪縕坱圠渾然天成靈中有容生意不斷擴而充之吾道一貫駢肩並立猜若夷齊同氣所兆孰識端倪草木之寶希世者貴玄中之玄英叢莫闕同類之禾薦之周京孰如此瓠遂古亦名維潤使君至和所致千載有聞金沙別墅

著存齋銘一首 為丹徒孫氏賦

天人兩間忠孝立極能孝其親必忠於國繫人之生負陰
抱陽參贊天地被服綱常欲為忠臣當為孝子萬古後先
孰違此理維潤丁罔孫君世居孝友之士名無虛生事盡
禮葬祭盡誠禮誠克全古今並稱饗親廬墓聲容不忘致
愛致慤著存孔彰維此著存本之寸心祖考來格雲仍式
欽名扁斯揭常目在諟羹墻仰瞻親其伊邇蓼莪之詩風
木之歌春暉寸草我心靡他巍巍華山渺渺京江孝子不
匱山高水長

題子山平章公所書柳文後一首為正夫臺郎書捕蛇者說

右江浙行省平章政事正齋公所書柳柳州文一卷觀其
字畫遒勁筆意飛動出入大小二令之間森然晉法也其
天資超邁神與意會架度脗合若輪扁斲輪疾徐應手若
牛坦解牛迎刃奏騞國朝以字名家者趙松雪鮮于困學

十九

一

而已公不蹈其軌轍唯取法於古人宜其名當世以傳不朽中原士大夫之家持縑藤以請者接武于道永師所謂鐵門限殆不過也翔所書之文尤有裨於治道正夫珎彝之可為後來者式欽社三復永懷其人東吳後學王某敬書

題孏湯道人所藏欵器圖卷宋

欵器圖凡四見或失之威儀之節或失之步趨之容或失之衣冠無周之制度皆畫工未能造其極也此卷筆法遒勁衣褶爾古聖人雍容揖遜氣象藹然見於言外千載之下觀者尚能興起而況當時門弟子親炙者哉丹北博士定為孫太古之筆殆近之矣若夫虛欵滿覆持盈守成之誡則有趙宋思陵所書唐李衛公之賦在茲不贅晉陵後學王某敬題

来青亭記　為九思監郡作

杭為東南都會湖山之勝實冠西浙而棟宇連棲櫛比鱗次枕山矙流角奇取麗槩無一弓隙地求其静深宏曠々絶於華靡之外者盖尠矣間有之則為琳宮梵宇之所擄吾嘗游目遐矚慨然有感焉乃至正庚寅六月三日拏舟絶湖自南山第二橋直入茆步訪九思監郡公別墅公之乃父廣西兩江都元帥中奉公實瘞于斯因廬墓而拓其地所謂静深而宏曠者焉所謂曠絶於華靡之外者焉九思公作亭於方池之上雜榛莽崇礎基巋然屹立超乎塵外江浙平章政事石巖公扁曰来青取王金陵兩山排闥送青来之語公嘗与予渡小橋行犖确而登此亭摳衣以前拾級而上八窻洞明四顧軒豁南北兩峰環立如拱湖光一鏡暎帶於前朝烟霏々而夕靄冥々衆木陰々而鳴

平一

禽哳〻浮嵐積翠濕衣袂而隱几案萬景森列一塵不到
若遊蓬瀛若登仙都恍焉惚焉不知塵世之幻此境也致
爽而拄笏則子猷其人也登山而携妓則謝安其友也退
食之暇或接餌引魚或挾彈取勝或携賓朋以觴詠或置
琴奕而款歌縱意所如無適不可亭之左右復有二亭爲
得古梅於荒翳中蒼蘚交合柯榦輪囷名之曰馨春萬竹
倚森翠雲如束名之曰竹深公每徜徉其間樂其所樂哉
自隱爵數身位宦三品而宦情雲薄若寓意而不留意者
其林泉適義之趣盡充如也系之以詩〻曰
奕〻危亭巋然獨立兩峯如屏矗其崒嵂北山之北南山
之南環抱拱立朝霏暮嵐開窻視遠拄笏致爽心地高明
性天昭朗中有使君曠懷自得〻其所樂神會意適馨春
有梅竹深有亭二亭翼然拱我來青我來斯亭覲公出廬

一語一默逍遥容與公令未出如蒼生何公其出矣豈弟詠歌公之素行曰忠与孝忠以輔治孝以遵教忠臣之窩孝心之門不匱永思千載無斁

録舟中倡和詩小序

至正十一年辛卯春三月癸酉僕自京都出通州偕鎮江路推官性齋張公同舟以載時紹興知事楊德新之子庸僕之長子師道亦與之俱舟既行日從容無事相與商略古今忘形尔汝或談詩或論文或命題分韻或籌燈聯句或彼倡斯和或斯倡彼和大篇短章各適其性情之正而已又其暇則相与手談對奕悠然釋然曾不以勝負計性齋天性仁恕過臨清見民有菜色者則艤舟問以二麥登耗見民昔夫役者則作詩以憫之見野雉被羅既易以青蚨復作詩以放之其方寸所存者如此而僕也山林樗散

二十一

之餘偃蹇疾病舊學俱廢乃日与之酬倡詞鋒璀璨咄咄逼人如行山陰道中使人應接不暇越卅五日坐雨八里庄下裒集所謂倡和詩得若干篇命師道備錄以識既錄矣性齋披閱以還笑而授僕曰顧序引篇端為後日佳話僕辭之再四不獲乃言曰朋友居五倫之一自天子至於庶人未有不須友以成者蓬窓寂寥飲食起處就其所已至而勉其所不逮豈無自而然哉性齋調官京師隨牒稽緩曾不芥蔕於胸中唯有笑談諷詠以釋其阻風守幃之憤懣而已尚須騎鶴樓上載歌雅調引紫鳳簫招白雲仙望鍾英蔣陵見虹光彷彿於杳冥之表者性齋遊覽之氣概也并識之是年五月一日王某序

題就正藁一首

讀就正藁知秀章劉君刻厲於詩也詩凡若干首春容柳

揚感慨激烈不蹈襲不雷腐清而不羣簡而不肆可與言詩者矣江公學庭危公太樸之二人者名列清禁言能軒輊余客京師與之抗論今人之詩慎所許可獨於彥章之集既序而品題之予尚奚言哉畢卷以還用識歲月

送章君益浙西憲司書吏序

士君子平居讀書以尚其志不混衒於流俗不汩於塵務皦皦然特立獨行以古之人自期蓋不以獨善其身為有損不以兼善天下為有加視窮達同一軌轍而無慊乎其中孟軻氏所謂尚志斯為士者之大節也夫孰知其然而識其所以然哉古汲章君君益倜儻尚志之士也君以儒術飾吏事始發軔乎古潤旋再調於毗陵立言剴切處心端愨持一己之所獨袪衆人之所惑郡縣上下輿論歸服一時流輩無有出其右者前太守薛侯識而知之薦于

二三一

浙西憲府僉憲趙公宗吉嚴實允同需次京口憺然怡然日与交友論文賦詩以樂其志曾不以進趨芥蔕于胷臆蓋十年于茲矣至正辛卯秋九月八日浙西憲史猷負檄常鎮二郡以辟之郡守率僚佐持檄以相其行君益奉檄惴惴然若不能勝者延過余而言曰請贈一言以行余曰贈人以言賢者之責也於余也曷敢竊告之曰夫憲府古之臬司也憲史之職工佐繡衣下臨諸郡或出巡或慮囚當澄心克己以叶贊於使者歸公平之心行仁恕之政毋私於喜怒毋擅於激揚如是則職其所職而事其所事不昧乎天理民彝不忘乎正心誠意豈不昭昭乎方寸綽綽乎餘裕哉若夫贈人以言則有唐柳侯所著吏商言以貨為商不若以行為商其言淵永宜為味也請為贈

送淮海書院山長孫彥肅秩滿序

士君子出處進退即其人以知其先世因先世以識其子孫則文獻遠迩問學淵源有足徵而考烏金陵孫君彥肅所謂文獻故家之胄歟君先大父景淳翁實登趙宋末年進士第旋值革命學不究其蘊位不滿其德邦之故老至于今惜之君先府君仁齋翁當我國家樂育人材之盛出掌台郡儒教振舉學校作興士習遠彥肅君承文獻淵源之後由仕之上饒永豐二邑教諭以還復長淮海書院至正九年五月来掌教事勤以勵己謙以待人孜孜汲汲以興舉廢墜為己任增大成殿前楹以備深嚴之體粉飾藻繪輝暎前後舉儒先以淵後進斥浮費以充學廩士友與與衿佩濟濟成規既著輿論所多始至之日見山長聽事湫隘隤圮不可居則捐己貲撤而新之為屋若干楹凡若此者宜勒石以示將来以垂永久而君謙謙然退不自居

二十三 一

則其所存尤有過於人者前太守李公士寧今太守謝公
君琬皆推重其老成茲為告代邦之大夫士作為歌詩以
頌以詠俾走敘其槩辭不獲已乃言曰
國朝之制儒教致身諭録正通歷三考然後陞用君今去
此而掌教於一郡有日矣郡文學掾亞諸侯賓客也視斯
職也猶國博士也猶孝廉吏也當克勤以奉公當潔己以
詒後如是則上不負其選擢下不負吾學行將致身清要
進進乎詎可量哉雖然濂閩之學以為己仕所以行其學
以適體用也君之於學既以格致誠正為本其承乃祖乃
父之訓可謂無忝矣宜乎諭饒豐而士論翕從長淮海而
士風振起前所謂文獻故家之胄關學淵源之懿益信而
不誣詩曰抑抑威儀維德之隅又詒厥孫謀以燕翼子彥
肅有為謹序

贈曹仲犍山長廿韻并序

延祐至治間僕始識先尚書文穆公婁齋先生於華庄魏氏自是往來錫□溪間□獲親炙誨言附候契濶間嘗以謬作詩文就正公以宣頗有志於學每拳拳許其所至而勉其所未及或指瑕或訂正僕知心服而敬畏焉公以茂異舉自山長淮海致身省憲交辟敭歷中外時署令興文也其後再寓城南徐氏小圃宿留旬浹嘗手書綠筠軒銘見示典雅之文超邁之字三復玩繹珍襲不忘蓋卅餘年矣再自兩省貟外還朝步武清禁僉書太常遂陞禮部尚書以終哲人其萎位不滿德日月逾邁吁其永懷延至正丙戌僕寓客京口因識公之仲子仲犍知文獻之可徵也仲犍以國子高等生江浙行省版授山長淮海書院歲辛卯十月来闈校事僕因念年甫弱冠時辱公提耳之誨令

二五 一

幾知命之年髮日益白而學不加進惴惴焉日以憂為所幸者獲与仲犍考論先世德業以慰其所懷所與者仲犍自此而陞以踵先君子之芳躅承于後而不昧聞于時而可傳西平有子令聞不已庶幾詩禮淵源之懿有所自云擬賦五言廿韻以識邦之大夫士若中齋致政先生季高隱君先生洎諸尊宿皆尚書公之行輩實仲犍之執友也蘄同一章以懋勉於將來思有所勸詩曰懷哉尚書公胸次何磊嵬讀書昭理性摛藻光璨璀青年舉茂異岌翱長淮海邈彼烏府闢飛騰雲霄霄惟時令興文歲在申口亥寅庚申癸亥之間也遨遊溪山間承教嗟不遠歷官躋八座遺愛歌樂豈別来歲月流轉瞬三十載顯隱隔仙凡寤寐想風采仲犍青雲器允矣舊橅楷家傳詩禮餘學有淵源在胄監勞積分天門僉同隊超来長斯學黽勉誠荒怠小試岌新

研大成豈予紹明々仰芳躅繼々瑞有待緬惟老前愆寸
懷耿遺懸晨星光落々河水流逸々不有仲氏賢成規孰
主宰後先一軌轍作述兩无凱何當勒遺文要使觀風采

代趙彥升送程梅林歸江東序一首

至正六年秋僕以秦公裕之々拙擾其子書來寓京口因
秦公以識趙公子溫時趙公以刑部尚書未上僕所居與
公為鄰近暇日嘗過余聽雪齋下因切觀公所為詩若文
蹇々之節偘々之言直與立朝忠義相契真有元之元氣忠
孝之標準也僕歛衽承教而敬畏焉情誼稍洽言論頗合
而公以王事不可留未幾北上由刑部而參議中書而參
政遼陽由遼陽而南行臺侍御史由侍御史而淛東廉訪
使以終中外聞之咸以位不滿德為恨嗚呼惜哉公之嗣
子彥升以公清白之薦辟南行臺宣使甫六月聞公病革

二十五 一

即往侍湯藥不閱月彥升扶公櫬欲歸葬上蔡而力不逮
乃就京口鶴林閣磨笄山之原僦隙地而寄淺土彥升服
喪哀毀盡禮罔極之恩日月逾邁而淮壖之西盜賊充斥
悵望冢山貧不能往曰與其力不能致遠而寄諸淺土孰
若就斯地而擇葬焉樂哉斯丘何所不可廼得善風水人
程君梅林裔易人其地理秘傳之文乃祖字能靜得之故
相馬公碧梧之冢梅林之幼又從馬公之子竹村先生受
業先生著文獻通考盡閱天下古今之書乃得傍蒐竊窺
故於金鑾青囊之術撥沙洞元之學無不精究易曰俯察
地理地理之秘在乎察之之精俯察云者豈徒曰左龍右
虎前後朱雀玄武而已哉相地之得其宜則死者之葬其永
安乎孔子曰卜其宅兆而安厝之正謂此爾今世俗習之
人卜地以葬其親者不以陰陽二宅為安否而乃求富貴

利達於既葬之後何其謬歟予嘗妄論人之富貴利達壽
夭窮通一定於有生之初而不可易若然者有以知習俗
之愚且謬也惟梅林則不然擇其燥剛相其陰陽袪其五
患挹其抱環求其存歿之各安而已富貴利達則有命存
焉有陰陽繫焉何敢聽說也哉故淮浙故家巨室欲葬其
親者皆延致之且不以貧富錙銖為較亦盡吾術而已予
惟中世士大夫以官為家死葬其所者代有之聞近年有
稱名公卿者其親死寄柩京城寺中其人歿於江南又無
子明年京城疫寺僧撤亡柩不知所在由此觀之彥升可
謂能子矣彥升服闋將復役于南臺有司起發御史舉明
而以親之喪未克葬徘徊不忍去至正十一年冬十二月
廿八日洎曾祖父〻母〻凡六喪得梅林而襄奉遂爲彥
升殫力竭慮一無撓其季匍匐勞勤而志願永畢矣既畢

二十六
一

矣輒過余而言曰先人大事梅林之功居多願余家素清貧不能厚禮以謝將求能詩者以歌詠之請予序簡端惟先君子出處之高敭歷之遠固不待贅言而梅林之於義孝升之於孝乃不得而辭也於是乎書明年二月晉陵王某序

座右銘一首

彭澤可師豫章可法善過人子不事鞭撻

心齋銘一首 為清臣師副作

天地生人心、妙衆理參贊天地粵惟心耳一心之微變化萬機克慮滌慾其殆庶幾維古聖王精一授受允執厥中立言孔究猗嗟此心與道為一操之有要存而勿失操存之功惟敬惟誠敬以克持誠以締盟戰兢洞屬折旋規矩剔剗蔽之謬以千里有放即求有放即收曰收曰求厥德允脩事至物來主宰汎應動靜無違表裏交正顏何人哉惟道集虛天君泰然神明之廬伊清臣公探賾今古心齋華扁仰瞻無逆推以治人儼乎書紳若銘在盤日新又新浚也有識昭然司諫念茲在茲終始無閒

拙存齋銘一首 并序

柳河東著文以乞（去聲）巧言吾有大拙智不化而醫不攻蓋欲驅去褰拙使手目開利以經緯璇璣而黼黻乎帝躬寧甘縮恧抱拙碌碌以終其身哉世之人患拙以求巧者惟日不足或至於心勞日拙蓋輒氏所以恥為機變之巧者何若人有澆花翁之詩曰用拙存吾道能用於拙則道是存矣拙之存斯巧之著也仲蓉方君有見於此故扁其隱居之室曰拙存聽雨軒中齋先生說之詳矣晉陵王某僭為銘之辭曰

盈天地間機巧不足謗張弛嫚詭遇甪剮君子知幾巧非
道門拙之所用道乃斯存道之所存巧遇於拙匪拙為貴
沈潛昭晰載觀古人唐龍湯宕不龜手封或洴澼絖用雖
不同道無隱顯存之以誠揭厲深淺維仲容父闇世否臧
豈其用多亦豈用長惟嘿惟逸惟德惟吉我師茂叔心與
道一或記于堂或頌于軒古今是徵道義斯尊肅然齋居
用拙如魯我銘匪規斲以勸補

王分省捴兵官右轄書一首

寔聞有國家者求忠良於草萊採輿言於芻蕘蓋欲圖久
長之治以成太平之基也書曰野無遺賢又曰克知三有
宅心灼見三有俊心當成湯文武之用人也立賢無方三
宅已授之位故曰克知三俊未任以事故曰灼見克知之
人已授之位固不待贅言惟灼見者雖未任以事其有常

伯常任準人之才正有待於上之人進而用之以紓其素
也上之人能進用之則所以盡三俊之才以成成湯文武
之治以成古今忠良之效豈無自而然哉今天子求忠臣
於孝子之門惟公也文武良材將相貞節奉天子命以安
黎元以鎮京口調度有其方顯隱無所間屬置依當賞罰
以明生民之大幸也寔竊惟古之有天下者文致太平武
戡禍亂威武能行則三軍震慄萬夫作氣者孔子為魯司
寇攝行相事七日而誅少正卯於是魯國大治司馬穰苴
田氏之庶孽也其人文能附眾武能威敵齊景公舉以捍
燕晉之師穰苴曰臣素卑賤人微權輕一旦擢於閭伍之
中而加之大夫之上恐士卒不附願得君之寵臣國之所
尊以監軍乃敢行事景公使莊賈往焉穰苴与之約〻東
〻既明後期不至即斬莊賈以徇三軍三軍之士皆股慄

二十八

一

於是士卒爭奮而燕晉解服矣司馬之兵法著爲孫子曰与士卒分勞苦者吳起也能使敵人自至而利之者李牧也又曰善戰者無智無名無勇功張良未嘗有戰鬪功而能運籌帷幄決勝千里韜略以戰鬪之功居謀謨之下信乎孔子曰必也臨事而懼好謀而成者也孔子不以暴虎憑河許子路而以臨事好謀教之然則不懼不足以成事不好謀不足以成功懼而好謀此聖人之兵法也今也粮餉不可以不維兵甲不可以精捍禦不可以不嚴賞罰不可以不當糧餉繼則軍食足兵甲精則軍旅肅捍禦嚴則遊邏絕賞罰當則人心服而盡謀定計在於右轄之得其當而已與其謀於近孰若圖於遠邊江大艘編於竹木橫亘於地口采石蕪湖之上以截其順流而下者沿江上下撥營塞以頓軍旅儲軍器以竢不虞石砲灰囊亦剩儲之以

待急用城墻不可以不堅也壕塹不可以不深也有墻無壕不可謂之城池有城無營不可謂之捍禦不可以閫小捷而緩其事也譬之病病加於小愈不可不除其受病之根不可以小過而弗懲也懲一誡百則號令明而軍容肅不可以草萊有知而弗用也能用草萊則野無遺材矣今閑良等職故家子弟悉聽使令可謂盡三宅三俊之才矣寔生也晚讀三代聖人之書上下幾數千萬言於古今治亂之原天下阨塞之要考之一二可見□欲効尺寸之功而無階□□以前往歲江浙行省以四道廉司舉□□□□□□路太守察□休隱逸繳連覈實的□□□□□中書賤姓名已籍省□而未見録用雖然用不用不必計也徐方繹騷淮東小醜上干天討以貽我聖天子宵旰側席之憂豈無郭子儀李光弼裴度李愬諸將相以盪滌羣兇

二九一

若耶如寔者食飲於有元版圖水土幾五十年矣寧肯坐視危急而不輸方寸之忠以甬寸才片善於其間哉謹識書卷二以獻于下殘

往歲獲交無錫華君繹之出示所藏書畫卷冊皆精善可喜之物偶見東吳小藁一冊為有元晉陵王寔未刊手藁彌足珍重承假錄副列之插架亦既有年其文章清麗如清容道園書法娟秀類松雪伯機編攷仕履歷久未詳讀集內錄舟中唱和詩小序知亦夙擅吟事當別有全藁此冊為鱗爪而已昔吾家俠君先生選元詩固未采獲則遺佚已久區區片羽洵可寶也婦兄潘君博山嘗語余吳中某氏亦藏有安節手稿一冊不知是詩是文欲謀借鈔未果而博山旋歸道山今且無從蹤迹矣比者吾友陳君文洪捐貲印書表出此六百年來文人僅傳心血亟為流布海內方聞之士儻有藏其遺稿或詳其行事者希得見示俾為表襮以資尚論也冊首原鈐王氏安節王寔書印吳中民三印今改題代貫姓字於前以便識別中華民國三十四年四月二十三日吳縣顧廷龍寫付石印并記

歸來草堂尺牘

【清】吳兆騫

歸来艸堂尺牘

合衆圖書館叢書第十四種

一

此書承鄞陳文洪先生捐
貲印行中華民國三十四
年五月合衆圖書館志謝

一

歸来草堂錄

尺牘

痛哉汝性至孝平日所以事我者異於恒輩成婚後依々如孺子之牽衣膝下未嘗有一刻相離我父子俱好讀書共坐樓頭溽暑祁寒吟誦不輟以汝驚代絶才我歷幾辛勤教汝成名自以為極天倫樂事方以遠大期汝不意仇人一紙誘書遂使天下才人忽罹奇禍投荒萬里骨肉分離慘莫慘于此矣古來孝婦含冤上天亦有為之感動者汝之冤酷審問諸公知而憐之都中士大夫知而憐之天下讀書人知而憐之未供招而被禍最烈冤抑至今未伸嗟乎青天何獨至汝而天不為青耶自春徂夏汝所寄手字及所寄詩我已一一見過見汝字知陳相國之待汝甚厚又承相國喬梓解推之誼同在患難中而何以得此々

一一

又汝之絕處逢生不幸之幸也此情此誼何日可忘汝遇悲料之變當此悲楚中汝又能為之周全塟事纖悉備至具見汝之敦厚道也見汝詩情致激壯詞調悲涼反覆展閱一字一淚三閭大夫之處憂愁而賦離騷其文至今當不過此留別諸故人詩甫緒二君已為刊行其西曹雜詩我亦為之備錄將覓友人圖所以付梓決不使汝詩章泯泯不傳也所可恨者我之念汝無時去懷雖以舉家叢難手無分文無力遣人以周汝之急然自春徂夏我寄手字亦不一而足豈料止到其一餘竟付諸浮沈俾汝既不獲見我面并不獲見我字徒令兩地情牽為可傷耳其他之浮沈不乏較至于孫煥卿汝以其人可託且彼去甚早我寄銀二兩布衣布褲布被布襪亦寄有數件我與汝母拜而哭求之以為萬無不到之理誰料為煥卿所乾沒并我

手字悉委、諸逝波也知人知面不知心世人之叵測一至于此至于疇三計偕我亦寄諸布衣被褲襪等項又差周文隨汝阿丈計偕我所寄汝者則有斤許外其如被到時汝已出關空往空來致汝不特一文擧目無親隻影孤形而行萬里之遙自煖自寒有何人相恤白面書生何嘗慣經爲父者一思及此不覺腸斷欲絕矣雖然事已至此古來大聖賢大豪傑往往有瀕死而不至于死者正于萬死一生中打練出學問存養出德性來識以所操以處憂患者固自有其道也我願汝且于絕地求生死中求活持己要謙恭出言要謹恪彼中當無好文學者且屈節以就之或在人家處館權居一枝之棲爲糊口計姑使衣食居處有賴而後可徐圖生計也古不云乎如飛鳥依人人自憐之處此無可如何之境不得不如是耳汝體素弱朔地風

二一

霜爲能堪此我甚憂之幸參出彼中汝可時々服參以助
養元氣元氣固百邪自莫爲之侵矣彼地不知醫倘有失
調處爲々不可輕投藥諺云不服藥爲中醫斯言可佩也
若有風邪則參又爲々不可輕投矣汝切須慎之汝去歲
負傷處我甚放心不下先高祖嘗言第一要煖々則痛不發
但居此寒慄之地煖氣既少衣又單薄爲之奈何則又增
我愁耳此非人力所可爲只求佛力護祐我與汝婦汝妹
每日誦金剛經高王觀世音經大悲神咒以祈救汝苦厄
佛力無邊自當脫汝于患也高王觀世音經乃北齊高歡
國綷也救人苦厄應驗甚神我從李瀧溪處得來甫草訢
甚稱之惟汝處未之見然我處誦自能護汝況汝常持金
剛經大悲神咒之矣可恨撫房以我們無使用于二月中
飛檄下縣要提家口盡下府司我自分必死三月初一解

府賴府尊憐我與汝母年老汝婦多疾八弟年幼允親旗
遞保止六弟發吳縣藍候我與汝母汝八弟俱保出住汝
妹家我自遭難蕭然貧身無衣無食衣之食之苟延殘喘
者賴汝妹之孝也汝大女已送至汝妹處為媳令業已讀
書汝次女已送李賓侯家過繼與娘姨撫養汝兩女我俱
畫田少許即作他日嫁資一歸楊一歸李標撥已定汝可
免內顧憂矣汝母汝婦汝妹汝弟汝女俱一一平安不必
掛念近聞皇上准工垣之疏內開一款凡流徙之家捐贖
助軍需本身減等而家屬之連累者悉與豁免現在部覆
如果覆行不獨家眷免徙本身既減等即汝亦可還鄉骨
肉重逢有日此我所籲天而號哭以求者也總之千言萬
語惟望汝保全身子為上留得汝身在古云大難不死必
有後福汝須安心以俟之繡夫以取科舉且生子矣汝婦

三一

汝妹汝八弟各有字寄汝續夫在江城不及索字也玉虹友碩華峰俱有求汝次女之意然既為李所撫養則聽李為政矣汝不記寒嵩仙師之詩讖乎萬壑風歸嘯老龍一朝雷舞向長空慎君鱗甲毋遺折回首林間聽暮鐘汝登賢書雷舞已驗矣罹兹奇窮遭折已驗矣而回首林間之句固知汝之定生入玉門關也凡事皆前定汝須安心以俟之耳沈若士使者行便將字寄汝我欲懇沈若士特差使賫送至寧古塔作字懇子長勿致浮沈使汝未及見我面先見我字未知得達否徐公肅與汝為性命交居然狀頭歐長卿亦為會魁兩人在天汝獨在淵天乎人乎何天淵之相越若此耶然我祖父累世積德從無獲罪于天之事汝又至孝自能動天我終望天之有以祐汝到底有賜環之日也保身以俟天是在汝有堅忍之力耳珍重珍重

兒兆騫百拜父母兩親大人膝下兒不幸遭此冤禍拘繫刑曹中心哀慘惟不能忘我父母養育之恩毋夢魂無日不在膝前每念我父母及合家骨肉便腸斷欲絕也然兒此事寔屬風影于心既無愧怍亦復何懼兒身雖在獄而意氣激昂猶然似昔凡在長安諸人無不為兒稱冤者父母萬無過傷致損身子切囑切囑兒於三月初九日赴禮部點名即拘送刑部兒此時即口占二詩屬聲哀誦以伸冤憤禮部諸公及滿洲啟心郎皆為兒嘆息稱為才子兒若見天有日重歸里門見父母便屬大幸矣娘子為人甚喜洲兒念之甚切乞父母善待之六弟須囑其讀書不可以兒因功名受禍便爾灰心也兒于去歲得夢大奇金剛經四百部乞即施佛力無邊必能護持家中雖在至窮而施經之事必不可緩切禱切禱臨筆不勝哀痛之至

四一

自禮部被逮即口占二詩以志冤憤索紙筆不得即屬
聲哀誦以當庶女之告天云

倉黃荷索出春官撲目風沙淹淚看自許文章堪報主那
知羅網已摧肝冤如精衛悲難盡哀比啼鵑血未乾若道
叩心天變色應教六月見霜寒

庭樹蕭蕭暮景昏那堪縲絏赴圜門銜冤已分關三木無
罪何人叫九閽腸斷難收廣武淚怨深空訴鶺亭魂應知
聖澤如天大白日還能炤覆盆

四兒稟父親大人膝下兒不孝不能貽父母以光寵而貽
父母以憂患心魂驚碎幾不欲生但兒雖夾死必不敢貽
害父母及妻子兄弟也兒凡事承右與甫骨肉至愛重為
周全兒真感恩入骨兩兄真千古一人也季滄老之為兒
意氣亦可為當今所少總之父親凡事與右甫商之必不

有悞在處懸補還者補還或有可挪移者挪移緩以救兒命為主家計所不必惜也即所費浩大亦不可重家而輕命也父親在此凡事必須謹慎不可輕發一言輕下一筆至囑至囑兒心中無他事惟念我父母之恩不能忘耳娘子為人甚可憐乞父母炤顧之若已有孕或生一子亦不幸之幸可取名我生以見尊我之戴兒有賦數首在娘子處可取來與甫使傳之後日見兒雖不幸亦自有才可述也中心纏結惟有恩親兒若得生便當皈依佛門作佛弟子矣留此字以當見我親之面但兒起數求籤皆云無恙父不必過為悲傷是又重兒之不孝也切囑切囑

五一

十二日楊蚪到京接父親字知兩親及合家骨肉俱安甚慰遠懷兒即于是日得聞吉音遥天地祖宗之蔭不獨此身無恙而猶可還我初服兒不覺為之狂喜因思兩親素

行善事兒又歸心佛乘未嘗作一虧心事此番患難寔出
意外今得平安足徵天道猶存也解網之期想在月初爾
時當兒令人歸以慰兩親懸望兒讀父親告神文爲之感
泣父之待兒如此兒不知何以上報親恩也初十日附一信及
長篇一首於撫使者馬上帶歸不知曾入覽否進意不減
平日曾托友来看兒真不愧人倫之宗也八弟字兒見之
爲之隕涕小時聰慧如此後日可知但不似阿兄坎軻便
爲妙了父親要貂帽俟楊蚪歸時送到也
二月望邊接父親字爾後絕無一信肝腸盡斷兒已于閏
三月初三日起身適路之費賴各位年伯及季滄葦助銀
三十兩約有一百十餘金做皮袄及各項雜物外尚存四
十金兒此去尚可暫住瀋陽或能俟家眷到同往彼中適
有可喜者海寧相公第四子名容永者係甲午科以壞一

目例應收贖進以部批留京候議定奪不隨素翁出關矣
兒承素翁父子厚待每事炤拂意如骨肉父親與二兄竟
不可依例不去若在本處豁免竟不報上来此為至妙倘
必不能必要本處文書上寫明某某以廢疾當免等語為
妥若報部文書上不曾開明事便無用了此皆素翁之言
也兒生平未嘗作惡今乃遭此冤禍上累父母中累兄弟
不孝之罪真通于天每一念及幾不欲生大妹寡居兒嘗
欲炤顧他終身豈知今日身罹冤酷一至于此天乎天乎
真有不可問者也家眷到京俱可討保在外惟寰山陸夫
人收禁因無人肯保耳此事兒已重懇右兄右兄待兒亦
異姓骨肉其恩不可忘也父親若得不来兒死亦瞑目八
弟九歲亦合十五以下收贖之例况十歲以内竟免此亦易
為力也若得邀天之幸惟兒婦一人去乞父親送至京師

六一

為妙兒在此俱承蕊林焰管在方年伯處吃飯前日蕊林寄一信在東阡沈仲猶處寫得甚明白約有千餘言凡家眷到京及出關諸務併所帶物件俱開列清楚想四月中旬可到父親可取視之兒亦寄一信及别諸友札與在獄詩一本在他處想彼定不浮沈也到京後事可与桐城商之兒已作字托季年兄矣其兄滄老真肝胆士也兒有别諸故人七言古詩一首乞父親一一為兒抄送既疇研甫九臨瑞五茂倫鶴客其年華峰天一公肅兄弟虹友緒夫諸兄為妙使天下人知兒在困頓窮厄之中猶不廢筆墨庶幾江左文人為兒哀憫兒一字与兩兄一字与大妹一字与諸弟一字与娘子一字与緒夫父母須保重身子為主父已年老母又多病遭此大厄皆兒之罪兒惟有念佛遙祝父母而已臨筆嗚咽不知所云

將赴遼左留別吳中諸故人

薊門三月柳堪折玉關遙客肝腸絶結束征車去舊鄉鶴首天南恨離別憶昨胥臺事俠游才名卓犖凌王侯黃童雅擅無雙譽温嶠翻居第二流相將日向春江曲吳王墓前草初緑綵鷁春風客似雲珠簾夜月人如玉少年行樂恣游盤夾道飛花霞錦端按歌每挾茱萸女駐馬頻看芍藥欄筵前進酒題鸚鵡一日聲名動東府擬從執戟奏甘泉恥學吾丘能格五去年謬膺公車徵駿馬高臺裝度登自許文章飛白鳳豈知謡詠信蒼蠅蒼蠅點白由來事薏苡徧嗟羅謗議賦就凌雲秪自憐投人明月還相棄身嬰木索赴圜門白日沈陰自斷魂北燕謾說鄒生哭東海誰明孝婦寃銜寃扞狴悲何極慷慨陳辭對岩棘幽怨空教托楚辭嚴威竟已口秦格忽承恩譴度龍沙邊州茫茫道

七一

路賖名列丹書難指罪身投青海已無家消魂橋畔誰相送一曲胡笳自悲痛皂帽慚非避世人青山何處思鄉夢鄉心日夜繞江干江柳江花不復攀萬重關塞行應遍十載交游見欲難從此家山等飛藿滿眼黄雲大絶莫自傷亭伯遠投荒卻悔平原輕赴洛一向胡天逐雁臣東風揮手泪沾巾只應一片江南月流照漂零塞北人 一

二月十九日兒兆騫百拜父母兩親大人膝下昨晚昂邦巴公自都中來云父母及諸骨肉俱已遇赦兒聞此信不覺歡喜欲狂比之聯捷三元亦無此樂聊向觀音準提斗母諸聖像前叩謝佛恩令父母已脱然還家兒雖居窮漠亦何所恨但佛許兒以必歸則我父子必有重聚之日惟有慰加虔禱以求早得歸南侍奉兩親而已去歲十月廿六日巴公入朝兒寄一信上父親一字寄兩兄一字与甫

草既庭令巴公回時何以都無回信及往問彼又云此信已投到孫宅想遭此大故倉猝之時不及寄信耶兒在此平安惟有皈依佛座及誦詩讀書以消歲月但身無分文雖目前稍足自給然半貸之他人乞父母措五十金寄兒為妙可寄在孫老先生令弟諱芳號馨如宅内馨老現官尚膳監住在齊化門内大街兒已懇之孫公渠已寫在家信中矣凡滿人寄物件往来無有不達前姚年兄家寄五十金来亦托藍旗章京帶的父親可面拜孫馨老言兒在此與他令兄汝老相與極好他令嫂夫人相待亦好竟不避的以此托他必不悮也或有確人到瀋陽父親作札與相國或與子長先與數金托他轉寄亦可相國與子長待兒之情可稱極厚每有人到寧古必寫字寄兒凡有到寧古的令必殷勤托他照管此等情誼何可忘也令歲元旦

八一

兒求關聖籤卜父母及兒一年之吉凶父親得藩籬剖破渾無事母親得勸君止此求田舍兒得直須猿犬換金雞兒爾時便知父母必免兒亦得邀救赫〻神明可稱不爽豈有應前兩籤而後籤不應之理耶頃二月初一日兒寄一信托新安鄭姓者帶進京師亦寄在公肅處的不知此信不浮沈否父母所寄二兩餘銀已到矣父親所致樓鄉及許康侯札俱一一送到因帶信人不能多携故樓鄉不得回信而康老筆札又皆兒代寫則又可不必矣樓鄉氣誼甚好兒日〻在他家鄉老嘗稱兒為老弟兒稱彼為尊兄可以見交誼矣此土人參多而且賤竟如吾鄉之桃李兒曾以參半片煎做一大碗飲之毫無好處反瀉了半日亦不可曉也父母在家須調養身子以頤養天真凡事任之天數日尋快樂切不可憂愁煩惱此最無益徒損身子

試思吾家戊戌以前何等規模一旦禍發家破人離如瓦解冰泮嘗作此觀則萬事俱空百愁皆釋矣兒在此窮荒絕域遠離膝下區區數語寔出肺腸乞父母留意為妙兒非故作此達言以慰親懷寔見天下之事確當如是耳玉雲諸仙所著詩賦皆極其弘麗已成一集而所言之事竟已奇驗惟勸兒輩念準提咒念觀音名號則萬罪冰消百祥雲集又云凡人若能每日誦大士號五千聲或三千聲或二千一千聲口口皆心心心是佛則何災不滅何福不臻又言持誦之時一串念珠未完切不可共人語言若雜一語便成間斷凡念佛念咒俱當如此若準提一咒則泰山不足並其高滄海不足喻其大雖百懺莫消之愆而應聲即滅又言父親為諸生時曾持三年故成進士當時若能久持不輟則今日之厄皆消矣兒聞此仙訓如甘露洒

九一

心迷人得路虔持之心日益增猛乞父母同發精心以求
佛天之庇母親或單持大士號或單持準提呪可也切禱
切禱父母誕日兒皆誦法華經七卷拜水懺一部以祈消
災延壽仙師又云誦準提呪必須對鏡灌想梵字三密相
應則功課方成所求皆得三密者謂灌想梵字則心密結
印則身密對鏡持則口密遵此而行乃稱無漏兒特錄一
持呪儀規奉覽乞父母留意爲方御老好道之篤可稱第
一每日晨昏拜斗母四十九拜日誦斗心呪一萬遍玉皇
經三卷未嘗有缺及遇斗期則依科禮拜極其虔敬向日
乃一風流嘯傲之人及學道之後竟變作一樸誠愚寔竟
如耕夫野叟前日御老夜坐之時忽恍惚若夢覺魂從頂
門出見一道人引至一處皆白玉爲地黃金爲宫五色雲
光可有萬朶又有萬盞明鐙焰爍宇宙道人云此斗府也

那老口誦心咒踏雲而進忽覺魂從頂入遂醒此皆極奇之事特向父母言之以為好道之助兒媳幸已不來得在家中代兒侍奉父母此極喜事但憐他少年失所又無一子煢煢孤獨竟如寡居乞父母每事恕他為妙茲因章京鮮京之便勒此上稟兒昨日巳午之交兒正在寫信忽聞昂邦將劉即閣筆不書以候南來消息及晚間知此喜音一夕不寐今日復寫此信奉上昨未完之字一併封覽

四月十七日兒兆騫百拜上父母兩親大人膝下兒于二月廿一日見胡明遠家信知合家遇赦心雖狂喜然尚未敢信及四月十三張坦翁來接父親手字始知父親及諸骨肉悉遇浩蕩已還故鄉捧讀之次喜躍倍常其雀躍之狀總非筆墨可形即向佛母大士斗母聖前叩頭拜謝後向坦翁細詢父母起居坦翁云父親意氣豪放相得甚歡

十一

讀書之外絕無他事若不知有患難者云母親凡事料理
真女中之英兒聞此為之悲喜交集所寄銀及紬併餘小
物俱到矣但鞋稍長寸許已與人換了昨十五日藍旂章
京之子自京師来復接母親所寄在許太〻處家信及十
二金線帶二條令父母骨肉已得歸家兒雖塞外亦所甘
心倘得邀恩復與父母團聚乃真天幸也昨十三日申刻
忽有北京差章京齎詔而来召程年伯程年兄父子回去
兒時同往衙門看宣上諭雖自己未嘗罹赦而同案得還
便是死灰復燃之兆我家骨肉重圓當即在邇不覺喜而
欲狂復接陳太老師及子長寄兒札云有上傳凡有寃枉
者赴本衙門及通政司告如不准赴長安門併不准者亦
告等語兒思我遭昌文賊奴陥害家破人離四載況寃無
可申雪今幸聖主當陽而奸謀復久敗露此正覆盆得白

之日乞父親赴刑部將此沈寃及昌穀二賊因文社恨兒遂乘機構毒一一告明況昌賊自辨之揭有云明知下石之有人而桃僵李代此真天敗其奸逆賊不評自招之確證也兒身居絕域情憫兒者惟父母二人當此千載一日之秋萬乞速為申理無使兒久滯遐方言及于此血淚雙流矣南場一案毫無證據與北場迥然不侔況兒于桁楊之下言詞激壯揮泪題詩此皆載之叅案者兒司評詩于七月廿六日曾呈先帝之覽想長安士大夫自有公論令當此曠蕩之時萬不可失良會兒案在刑部須赴部告理恐非下邊督撫所能主持也程年伯大有機宜者今到京中父親須与之商議必無差誤兒已拜懇之矣寧古寒苦天下所無自春初到四月中旬日夜大風如雷鳴電激咫尺皆迷五月至七月陰雨接連八月中旬即下大雪九月

十一

一

初河水盡凍雪纔到地即成堅冰雖白日炤灼竟不消化一望千里皆茫茫白雪至三月中雪纔解凍草尚未有萌芽也然土人云近年有漢官到後便日向煖大異曩時而南人已凜冽不堪矣兒輩皮衣多故尚未經凍壞方年伯嘗云人說黃泉路若到了寧古塔便有十个黃泉也不怕了又云他生若得流徙瀋陽便是天堂之福此皆寔寔經歷之語非過激也兒向來寫信不敢十分言此地之苦者恐傷父母之心耳兒每日持準提呪誦金剛經觀音普門品將已二千卷每月誦法華一部求父母消災延壽全家早還故里令一家骨肉俱已邀恩則兒無獨沈絶塞之事前日之夢大有還鄉之兆總之佛力甚大而兒之奉佛斗亦極虔敬即如人日之事鼎湖之升兒皆先于夢中知之此正所謂不可思議也前日初聞佳耗而心中皇皇未定

即于是夜夢父母皆在部中奉敕傳有人呼兒為貴人者豈将来兒尚有發揚之事乎當聽之蒼〻而已昨二月初四程家人入京爾時已知大行之變兒寄一信不知曾到否父母去歲十一月廿二日及正月初三日兩信兒俱接到矣其二兩四錢亦到不必掛念總之滿人寄信甚確昨秋姚年兄家寄五十金托藍旂章京帶来絕無遺失總之以後父母寄兒盤費第一托孫二老為上次則許太〻因許庶老云他家人有不守法者恐有差悞若經太〻之目則萬〻無虞矣兒在此甚窘賴方孫諸公照拂然三年之久已貸十餘金頃所寄来之物止可還債所存已無幾秋間倘不能歸萬乞寄二十金及衣服與兒總之此地隨到一物皆是至寶近日正苦鞋破而家中所寄之鞋又長而少狹幸子長寄兒一雙履得以替換矣人生至此真為苦

十二一

極適來仙緣亦好但不如去年仙云父母當出塞因虔奉金剛大士故得邀恩已不來矣此皆元霄左右之言此間絕無消息之時而仙語如此豈不異哉父母于此益宜日加精進前兒所寄信中力言誦大士名號及誦經咒之功想已達覽矣母親亦宜念大士名號方年伯母每日誦金剛二卷法華一卷大士號四五千彌陀經十卷彌陀號四五千真可謂勇猛仙師云方夫人虔禮蓮臺不獨消宿世之愆已記名于蓮花中矣仙師又云大士號若能虔持獲福無量又言準提咒之力為諸咒之王須依法誦持始有功又言誦咒時不可與人語〻則為間斷向字已悉口之恐未寄到故復述之耳兒患難之後受恩最大者則李康老陳太老師兩公皆素不知之交忽揮金周給毫無吝惜此真希有之事若陳師一種憐惜之意尤令人感泣至今

每有人到寧古必托其焰拂兒書札時時往來此恩將何以報耶令浩蕩之恩想必不遠陳師賜環回京乞父親作札重謝凡中丞拜相國稱老先生自稱晚雖同年亦然兒將稟知至若方年伯孫老先生皆極其焰拂亦恩人也兒若承佛力得與父母骨肉團聚此真不世之喜矣兒去歲十一月寄一家信併一札致既庭疇三甫草此字竟浮沈不達今又一札致既疇甫已在公甫屬矣北京差章京捧詔呂程家十四日行四千里崎嶇之路可稱神速之甚亦大快事哉

正月十九日兒兆騫百拜父母兩親大人膝下頃十一月初方年伯南歸兒寄有家信想必不浮沈兩親身子安否關欠錢糧事甚重父親能脫然否兒懸念不可言兒頗平安無煩兩親遠慮誦佛經讀古書以消歲月父親見方氏

圭一

昆弟自能悉兒之近況也臘月間見程涵有字云父親將至京師為兒謀援濟之事兒聞此音為之酸楚累日兒媳出閣想不能免不知家中又作何舉動作何光景想俱是兒前生罪業故受此苦報念頭到此惟皈依三寶一着而已吾家當破巢之後人情涼薄此不待言父親當勿介意恐傷懷抱試觀金沙丹徒諸公則吾家又厚邀天幸矣方年伯臨行時以兒托付許康侯要他炤管康老于去年十一月二十日即請兒到他家與他講漢書令嵗兒竟館于許氏了兒元旦為父母請關帝籤俱甚平安兒心喜極但求歸家則不甚佳奈何認工之事費用浩大此豈貧人所辦若再有恩例則吾父子即可相見矣傷哉〻〻兒計此信到家必已孟夏兒婦此時想已出門已久不知家中又如何悲慟也蘇州楊駿聲来寧古兒領他見諸公頗有禮貌

其家信一封托兒封歸父親可即差人送到他家為妙他若有盤費可帶者乞父親寬便代他寄来此真大陰功事也六八兩弟好否讀書有進否後有信来乞父親將家中事一一示知寧古舊冬甚暖為此地百年所無此地滿洲人皆云這暖都是蠻子帶来的兒想上天垂憫流人故特回此陽和未可知也方世五年兄在京師父親有家信與兒可寄在他處寧古往来之人甚多自可即達或有便人到瀋陽寄在陳子長處亦妙兒自去夏接父親正月字之後迄今一年不得家中消息矣身居塞外望父親片言一語如獲球琅倘有便郵不妨多寄以慰兒懸懸也

凷一

不孝兒兆騫百拜母親大人膝下兒今年共有六七次家信寄歸不知俱到母親前否又六月九月兩信俱寄在甯草族人計安甯處不知不浮沉否兒今歲止見大二兩兄

及大妹去秋一字又見大兄在江寧姚年兄家四月所寄一字畧知家中近況聞母親身子平安兒心稍慰寧古往來人甚多別人家並寄有信息獨吾家無片紙隻字為之浩嘆近十二月十三日周長卿家信來云他兒子曾同安石乃郎見過母親說母親平安兒心甚喜即如自己得了家書也兒身在遠不知母親在家光景如何身邊係何人伏侍舊日家人存着幾人在何處做房嘗往蘇州大妹家去否每一念及即為淚零兒想今年十月朝父親靈位曾除否抑待開年清明耶兒每逢時節必西向作享誦經以薦父親時時夢見宛如在家時即如昨夜復夢見父親將一卷時文講与兒聽兒夢中答云此破家之資辱身之本讀之何用父親應云正是兒醒來大哭想母親聞之亦必下淚也媳婦今年十月十四日丑時幸生一男因有孕之

後即每日吃人參二三錢故分娩甚快子時腹痛丑時即
生當時在家倒不能如此之易抱腰及洗兒者乃周長卿
令政及沈華妻也產後身子健旺之極此總是人參之功
兒取小男小名為蘇還取蘇武還鄉及早還蘇州之意想
母親在愁苦中必為欣喜也兒今年仍在寧古城中居住
因認工免差恐明年二月間不能免奈何〻〻兒盤纏將
盡乞母親千萬設處幾十兩寄來如銀子不足綢緞補數
亦可以寄与莊季堅帶到北京即可到寧古也至緊〻〻
凡有人進京母親即可寫家信送与莊家或方家或周長
卿兒子同他家信一併寄在湖州錢虞仲家為妙錢家嘗
有人在京今年已兩次有人到寧古矣惟盤纏必交付莊
家為妥不可浪付他人也或者大兒到南京將盤纏托与
十五一
姚年伯此亦甚妙吳御沈華俱平安近日沈妻甚勤謹惟

吳御日懶一日耳

七月廿一日兒兆鸞百拜上母親大人膝下兒于今年五月中接大兄舊冬在南京所寄之信知母親及合家骨肉俱安甚慰寸心兒舊歲有四五次家信寄歸而大兄札中云無一封到家真可恨也又知母親為子粒事受累兒与媳婦痛恨不已兒不能奉養母親反貽憂患每一思之血淚滿衣也舊年寧古塔遷城覺羅去舊城六十里在一片荒野中建造城郭屋宇凡流人有前程者皆在東門外兒與錢德惟年兄相去百步其餘張孫許諸家俱相近兒以十月十二日移居新城以八兩買姚琢之年兄所造新屋琢之共費二十金造成減價與兒止取木料原值而已其情甚厚舊城一應房屋悉行拆毀兒之舊屋止易八串木柴耳今年正月初五日副都統因大將軍臥病忽發令遣

一

兒與德老兩家立刻往烏喇地方此時天寒雪大又無牛
車帳房賴孫許兩家合力相助纔得動身其室中什物盡寄
孫家兒與媳婦以初六平明起身登車雪深四尺苦不可
言山草皆為雪掩牛馬無食只得帶豆料而行一車所載
不過三百斤牛料人粮重有百斤兒與媳婦孫子復坐其
上除被褥之外一物不能多載行至百里人牛俱乏賴湖
州錢方炌復借一牛車沈華妻與吳御始免步行頭一日
沈書及吳御因無車坐以銀一兩催路傍人車若過沙林
則千里無人雖有銀亦無處可催矣行至三日將軍命飛騎
追回倘再行兩日到烏稽林雪深八九尺人馬必皆凍死
將軍真再生之恩也兒輩纔回家將軍即差管家慰問路
上辛苦兒與德惟進見拜謝其恩此番往返雇人推車及
路上盤費又去十餘金真所謂雪上加霜也蘇還孫子賴

十六 一

孫許兩家各送貂皮小外套一件得以不凍吳御手足鼻
皆凍至流血可憐々々蘇還甚聰明已能讀詩經四五句
矣原說吳江鄉談官說及滿洲話也說幾句常叫道快回
去見親娘兒已取蘇還名為振臣未傍從諸姪排行而辰
字則上念父親庚辰甲科而彼乃甲辰生也母親以為好
否兒與媳婦孫子家人俱平安不必掛念兒今年在孫家
處館又有雲南沐公之子相從然兩家束修共得十六金
只堪一年柴米之用其餘當差及人情分子各項諸費一
無所出奈何々々兒盤費久盡債負極多千乞母親設處
數十金寄來以救兒與媳婦之命兒舊年字中已屢々痛
切言之今已窮苦至萬分必不可遲今年若非束修已不
能存活矣兒亦知家中之苦但兒之債負甚多今亦無人
家肯借矣不得不向母親及諸兄弟言之倘有所寄來可

寄與金陵姚年伯處他家每年一定有三四次書信往來寧古塔的韃子俱認得他家北京的人故此甚易耳大兄字中云有訟事在金陵不知是何等訟兒心甚懸〻又知八弟已定姻事甚為之喜但不知八弟舉業如何二兄近日想亦憔悴舊年見二兄字云已見白髭鬚兒為之悽然久之昔日我家兄弟何等氣概聲名今俱淪落不偶兒更萬里漂零言之肝腸寸裂六弟好否尚讀書否不知能進學否心念不可言五弟曾進學否想亦落漠不知何日相見也七妹近日如何體中好否兒與媳婦甚念之母親想常在大妹家外甥及兩女諸姪俱好否後有信千乞將家中事細〻寫来為妙德惟年嫂于舊年十二月初八日未時塵故可憐之甚祁奕喜于丁巳十月初六日自烏喇逃歸故鄉矣可與大兄知之姚琢之年兄亦于舊年還往烏

十七 一

喇被處亦甚好總之有銀子無地不可居也以後家中有字亦寄在姚宅為妙

孫公範來接弟手字敘次詳悉讀之且悲且喜知弟近況窘之甚為懸念恨我愛莫能助耳母親年老惟賴弟竭力奉養色難二字深宜體貼須婉轉承歡使高年人常有喜歡之意便妙我既遠隔萬里為不孝之兒八弟早逝惟弟一人在膝下正所謂千斤擔子一人獨挑豈可不努力乎大姪能文大是佳事血症全瘉否服藥不如針灸吾門人陳昭令少年亦患此症勢甚危急以灸膏肓三里穴而瘉令且強壯倍昔矣我丁巳冬忽患腦漏月餘服藥不痊乃用艾火灸上星穴七壯午時灸火至酉即瘉艾火之功力如此弟何不率大姪往樊林一治價廉而功倍豈不勝于向庸醫索方哉我今冬明春倘能告歸便當星夜馳行與

母親稱壽但不知將軍之意如何我已曾寫稟帖懇之文作字與其兩郎囑其轉懇若得如願便與弟有相見之日矣兒女輩昨俱卧疾今已霍愈餘俱平安聞施法師高老先生之變為之悽然者久之甫草曾葬否計師母尚無恙否見甫老令郎幸為我一致念一字寄九臨茂倫可即致致之併致我相思之殷須促一回字来若有近刻亦帶来為妙二十年舊友見其一字即如見面也弟共有幾子大姪曾完婚否併示知内人問候六嬸安好特此不既

十八

四月十九日男兆鶱百拜母親大人膝下舊冬十二月二十日附一信在陳雁群年兄家報中頃二月初十日附一信于欽天監鮑武侯處此二信俱托公肅轉寄歸家未知得達否兒與媳婦孫男孫女俱平安不必掛念寧古塔因占募魚皮達子為兵又值水潦旱霜連年穀價異常目下

竟至五兩五錢一石比二月間又踊貴矣羇旅之子更逢凶歲殊難度日如何〻〻兒自接舊年二月大妹六八弟所寄之字迄今年餘不見一信心甚悵惘不知母親近況如何兒自二十七歲離家今已四十二歲人生能幾堪此長別不知此生尚有歸家之日得見母親之面否兒意要求母親畫一小小行樂圖寄來兒若見圖即如在母親之前一般父親真容亦乞畫一小小者同寄來為妙千萬千萬周長卿有舊僕徐成要到寧古塔來看其主人長卿已作字付其子以介僕徐成即進京同正白旗孫宅管家一同出關約以今歲秋冬間到寧古若徐成果行此最的確之信也母親可將家中光景身子康健面貌鬢髮何等細細寫來以慰兒及媳婦懸〻之念大妹六八弟亦須將近況細述慎無草〻大二兄五弟俱可討一字見寄也大妹

處不另作字矣母親可致語大妹兒與娘子無日不念也
大女在妹家乞妹愛養之兼教以義方不可出去看臺戲
及他嬉戲為主洒線紅緑枕頭可教大女做四副來綢要
厚寔不要太薄若緞子或潞紬更妙油緑綿紬可寄二匹
男要作衣服自着向年所帶來之衣皆已穿破矣顔色鎖
線要四兩零碎顔色綢亦乞寄些沈香紫色襪帶可各寄
兩副亦自要用也兒舊日所刻詩稿二種乞尋出訂好寄
來若母親畫行樂圖寄兒乞將厚寔油紙三層包好恐雨
水濕透也兒于五夏日為二兄秋試事求關帝籤得事成
功倍笑談之句八弟入泮得玉兔交時當得意之句似大
有可望不知果應否母親見兒此字乞將所用物件預先
料理齊備恐徐成一時起程倉猝不及也甫草季堅九臨
茂倫可俱討一字來若有新刻時人詩選可寄一部來千

九一

萬千萬沈華妻平安可向沈華討一字佛郎及他女婿俱
討字来六弟共有幾姪所取何名八弟曾生子否俱乞示
知
去年四月八日共有兩信寄到方年兄處不知俱得到母
親前否兒與媳婦在寧古幸俱平安不必掛念向来寧古
鄉紳舉人俱照中國一樣優免與尚陽堡流徙者不同此
盡順治皇帝在日念寧古寒苦特開此恩例不意舊年因
西海外邏車國又名老鎗國人造反到烏龍江来搶貂皮其鋒
甚鋭將軍差人到京討救即奉部文今年元宵後到寧古
凡一應流人除旗下流徙及年過六十外一概當役要選
二百名服水性者做水軍到烏喇地方演習水戰與老鎗
打仗又要立三十二个官莊屯積粮草此令一到之日將
軍即差管家請各紳衿到家中面諭云我家養你們幾年

念你們俱是有前程的並無差繇累及不意上面因有邊營俱着你們當差水營莊頭壯丁這三件任憑你們揀擇一件三日後到公衙門回覆此即是我的情了兒輩一聞此言莫不相向落淚將軍亦為悽惶嘆將軍又云若肯認工便俱免了兒回稟與各位老成人細商俱云這三件都是死數不若且認工為妙因此兒與錢姚兩年兄只得遞呈兒認太常寺衙門錢認倉房四十間姚認文德武功兩牌坊張伍兩年兄因臨時遺失呈子遂俱不准此二月初二日事也母親在家中總不知水軍及官莊之苦兒當細細為母親言之邏車國人皆深眼高鼻綠睛紅髮其猛如虎善放鳥鎗滿人甚畏之若國人作水兵何異湯澆雪刀切菜必死無疑雖今年新當水兵者不跟出征然將来必不免此水營之必不可入者也况一選在簿上即時打發

廿一

往烏喇去凡寧古家中所有物件俱不能帶不過車牛馱
載人口及細軟東西又路上雪深五六尺車行甚難他們
充水手者以二月十一日起身兒送至西郊外十里哭聲
震天真不忍聞至若官莊之苦則更有難言者每一莊共
十人一个做莊頭九个做壯丁一年四季無一閒日一到
種田之日即要親身下田五更而起黃昏而歇每一个人
名下要粮十二石草三百束猪一百斤炭一百斤官炭三
百斤蘆一百束至若打圍則隨行趕虎狼麋鹿凡家所有
悉作官物衙門有公費皆来官莊上取辦兒每見官莊人
皆骨瘦如柴者况一書生豈能當這般苦楚總之一年到
頭不是種田即是打圍燒石灰燒炭並無半刻空閒日子
此官莊之必不可入者也舊吏陳敬尹在將軍家處館教
他兒子然亦選入火器營管炮至若山陰祁奕喜李秉汝

楊友聲宜興陳衛玉蘇州楊駿聲同年伍謀公皆作水兵往烏喇去矣惟兒與姚錢兩年兒因係認工暫且炤舊等候文書回来定奪倘若不准明年必入官莊矣兒思家中貧乏工程寔難承認然不認工必死無疑頃二月初一初二兩日兒幾番要上吊自盡被衆人勸住眼淚不知落了多少無可奈何只得遞呈認了太常寺衙門這番無人在部裡打點必然駁轉母親即托當人早到京中速速料理救兒歸家或在京中認工或原是兒在寧古認了咨送到部總之早離寧古一日即脱一日火坑若到明年二月必然入官莊無疑恐遂入死路不得與母親兄弟再相見矣傷哉傷哉總之今年寧古塔局面絕非去年可比竟使人無一刻笑顏如今望方莊兩家在日又如天堂矣兒與姚錢認工文書以二月初九日在寧古發行四十日到京算

来七月可轉乞母親早救兒與媳婦回家勿使爲他鄉寃鬼也

戊申三月廿三日兒兆騫百拜上母親大人膝下兒久不奉母親来信心中日〻掛念不知何故片紙不到舊冬見莊季堅来書知母親平安兒心稍慰但季堅字中竟不言及有家信止云有衣服一包不得寄来等語今三月十一許家人自京師到寧古各家俱寄有家信盤纏而季堅在京竟不將衣包寄来真可笑可怪也兒自舊年到今有五六封家信寄上母親不知有兩封到否兒在塞外望家中一信如飢待食想母親望兒之切更甚于此不知此生可得重見母親之面否兒與媳婦孫子俱平安不必掛念父親曾卜葬地否今柩停在家中幾時得歸土遥念及此肝腸寸斷矣兩日近日光景好否想家計零替其意緒亦必

頹落五弟曾進否六八兩弟近況何如八弟必已完姻念之不啻轉輪大妹與錫俱好否母親必應常在家中母親身邊尚有何人承值母親頭髮必已皤白兒不能奉養思之痛心不已孫子甚聰明其耳朵大而且厚似有好處目日叫我親娘寶寶要歸來與親娘白相兒取孫子之名為根臣原按着端姪排行木傍而辰字則以父親庚辰甲科此子甲辰生也此子寅時生可算其八字寄來為妙兒盤纏久之苦不可言雖有館資十六金如何濟得乞母親必定設處寄姚年伯家為妙若盤費早到一日則兒與媳婦早受一日之福矣兒與德維于二月廿一日俱以同袍例僥免此亦一可喜事也特寫此字托孫赤崖年兄寄歸但不知此字果能到我母親之前否耳

八月廿九日兒兆騫百拜母親膝下昨廿七晚接去年十

二十三

一

月廿八日八弟所寄之字知母親暨合家俱平安兒與媳婦心中甚慰但云母親有頭眩之恙而又不肯服藥兒為此懸念不置母親今已年高不比往日少壯必須以藥餌調理為主況又有此疾豈可不服藥乞母親聽兒之言急請好郎中定一丸方或膏子藥方以頤養高年萬〻不可執性惡苦口之藥也來字又云大兄夏間進京寄有家信何竟不到大兄何故遠涉風塵想援例就北試耶兩兄舊秋無一捷者諸弟又不聞有入泮之信何家門淪落一至于此八弟曾會否字中亦未言及豈尚遲〻耶兒與媳婦暨孫男俱安好孫男亦讀書寫字亦聰慧可教日〻要回吴江見親娘舊冬十二月廿九巳時又生一女今已能將凳手扶着炕臺子立了其貌頗似次女今歲春夏閒寧古出痘凡滿漢二三千家無一脫者以痘斃者不啻千餘總

惟年兄之女亦以痘殤惟我家一男一女俱得脫然竟不
出痘亦奇事也兒今歲館資可得二十金僅足米薪之費
而衣服及油鹽等項尚須經營今秋又以七月即霜田禾
盡槁穀價大增竟至三兩一石我輩貧窶之人甚難度日
奈何〻〻改入瀋陽為民之事為部中覆壞云極邊重地
不便移改以此竟成畫餅六弟八弟俱宜以色養之道承
歡母親之前兒既不幸漂泊天涯所恃者惟兩弟耳兩弟
讀父母之年一章書便悚然自儆矣八弟從二兄讀書甚
妙所習何經若有近作可寄一二篇相示亦足知弟之筆
氣如何父親曾卜吉地否葬期何日言之涕零聞華峯欲
為其長子聘次孫女此大妙之事母親決當許允若出家
一說萬〻不可凡事須從長計較若出家非從長之計也
二三 一
兒今歲已曾兩次信歸俱叮囑此事想俱未達耶乞母親

即以兒與媳婦不欲次女出家之意達之李大姨兼致感激撫養之恩可也崑山丈人及兩舅俱平安否倪太老師尚在否俱乞示知為妙九臨及甫草年兄兒念之甚切乞兩弟一一致意二兄五弟近況何似五弟仍居楊家橋否二兄考第可得意否尚能留心詩賦否兒雖困苦尚日日讀書今春蒙陳相公夫人自瀋陽以一馬載紀事本末相贈紙札精妙對之如逢舊友目下兒正批閱此書也況華妻平安甚賴其勤勞從朝至暮無一閒暇彼甚念其女及女婿何以不相聞問又訊其媳家姓名佛郎在彼得所否後信來須言及之也姚年伯處所寄十金已收訖此前歲臘底到者今年正月廿一日接大兒六弟去歲正月十八廿一日之信併此奉聞

頃九月十三日宜興陳弓治回南曹附一信寄上母親又

各札致兩兒及大妹五六八弟又字付二女計此信當以明年春夏間到也昨初十日午間見周安石舅祖所寄長鄉字知父親已葬寶華兒心欣慰之甚不覺又涕泗橫集回腸摧骨一慟欲絶乞母親及諸兒弟將墳地風水及葬時儀禮一一示知以慰兒萬里外之懸念也又聞六弟改姓爲登州守備兒爲之喜躍但不知何以得此衰落之門有此亦足破寂幸細述其本末六娘子曾往任所否曾迎母親往彼否崎嶇水陸不若在家之安也兒久不接大妹及六八兩弟信惟舊冬見大馮姪一札頗詳細今春見二兄附山子一札乃知六弟八月入京之事耳不知大妹及八弟何以遇便而不寄一札也悵嘆殊極母親近日康健否身邊服侍何人飲食炤昔日否常服藥餌否兒與媳婦可勝懸念兒今秋幸大將軍巴公延教其二子待師之禮

高一

甚隆館金三十兩可以給薪二月初五午間娘子到寧古細述大妹種種情誼使我感激不已如我妹者正所謂女中之英也前接妹字知身子違和心甚懸掛未知即愈否昨三月朔日特卜一課甚吉想已久愈矣妹在京中何時起身歸家吾與娘子無日不馳念吾妹也陳子長今年正月到京娘子寄信與妹不知可曾到否我歸心甚切但工程浩大家又貧之何計得歸故鄉與妹相見言之痛心山西胡世兄處可有所助否若得些寄來最妙兩甥好否莊季堅處時有人往來京師妹可細寫一字與我以慰懸切為妙令詩萃及吳江詩略所選我詩妹可看沈華將細字寫了焰樣圈點寄我一看萬萬

與頤華峰書

自壬寅冬獲承手書卯春一緘奉報曾幾何時十年所矣

滯留絕域相見無從即贈抵音書亦復匪易悠悠此心悵
惘何極伏聞出入金門追踪枚馬放廢之人遂為慰藉曩
歲弟婦東來云華老欲以令子婚我次女近歲屢接家鄉
知華老篤念故人期以必踐前諾伏聞此音銜感入骨弟
以塞外遷人為時所棄而吾兄故情深厚欲締姻盟雖巨
源字中散之孤拾遺嫁崔曙之女揆之高誼何以相過但
小女撫于玉峯李氏聞李有相靳之意弟已屢札致之又
啟之家母期以必諧以無負我華老盛念耳弟漂零之況
日以增劇所攜婢僕奄忽都盡加以歲比不登米價八倍
糧合肥及宋徐諸公捐金相餉以度凶歲否則久委溝中
矣今外無應門之童內無執釜之婢煢然夫婦形影相吊
欲賃舂自活而時為俗逋誰能相恤想華老見此必為我
泫然泣下也塞外使者月至京師尚惠書乞付舍姪轉至

二十五

一

海陵年伯所自可即達矣欲言縷縷非筆所既

寄電叢

自去冬奉書以来忽忽半載不獲展候負愧良深春初請之幕府已許入關謂可把晤罄二十年相思之懷乃以他故而止令鸞貂者赴都復以泥潦縱横我馬瘦甚遂不獲西邁與吾兄相見悵悵悵悵非可言喻德老三月間還于敝居之左衹隔一籬燈火互焰吟嘯相聞屣履往来殊慰寂寞菊莊詞已播之平壤聞甚欽歎吾兄及茗文其年御試詩賦弟延佇者一年幸舉以示我以慰如飢家二兄遂爾長逝身為遷客雖同産之兄不得一臨其喪言及于此腸為寸裂舍姪来京否遺櫬得歸否併卒之月日俱乞相示無嫌瑣瑣也一函致玉峯乞為轉達其老乞致惓切率奉不一

又

昨廿三日武姓者至兀喇得接吾兄二月十一寄弟及德老札為之驚喜吾兄與玉峯盛誼如此吳保安那足復數翹首金雞何日東下從此餘年皆公等賜也弟以幕府召久滯兀喇故得即奉音書明日便騎馬東去計程七日可抵寧古想德兄見此札亦當喜而泣也武林徐楚玉兄省親塞外與弟相見甚懽今送其歸因附此奉聞楚兄儒雅翩翩且至性過人為今日所少乞兄不惜齒牙併祈介于君家大阮弟亦有札奉寄併乞為弟深致惓切目下南氣告平真絕塞望恩之日納鍰減等亦吾輩之厚幸也惟乞圖之欲言再布不既

又

昨六月十八日西曹查案凡十三人名至寧古兩弟及德

二六一

老不預令復月餘後查者尚未到豈遂付之不查乎頃見
赤厓札云工数必須二千弟蒙諸公力已有其半聞之感
而喜〻而復懼倘工數不足事必不成此機一失便有河
清難俟之歎伏乞吾兄與玉峯令姪謀所以救弟者弟今
在苦海中一無所恃可恃者惟二三故人耳此時佛亦不
能救我能救我者亦惟此二三故人耳惟祈垂憫叩頭叩
頭承潘次老表兄遠貽手札併惠以詩讀之感不可言次
老之才豪供奉流也何時得一把臂乎弟日間爲俗冗所
絆接隙始草此數札竟不及仰和來詩含愧殊甚乞兄一
致此意當于後郵賦寄耳如承報章乞詳以示我不既

又

三四月間兩見手札知電老愛我之深救我之切雖在同
産亦不能及弟亦不敢套詞致謝弟近日望歸之心迫于

水火倘此機一失將來便不可知老母莫年而弟亦非茂齒沈淪絕域恐遂永隔以此惶惶不得不呼天搶地于玉峯兄弟及我電老也惟乞早賜恩波俾弟早為中土之人則恩同二天矣叩懇叩懇 郎侍中奉使塞外召弟相見甚承憫歎以四律按之頗有薦雄之意併以奉閱四律附覽

郎侍中奉使塞外賦贈

黃雲驛路淨氛埃落日鳴笳使者來早拜千牛陪鳳輦新驅駟馬出龍堆旌飛楊柳城陰迥帳擁芙蓉劍色開多少冰天遷客淚待君歸奏建章臺

柘弓斜月紵絃鳴珠服如星熠玉纓穿禁久分中貴寵趨朝争識小侯名每調生馬期門出獨鞚輕鵰傍輦行知爾羽林誇健手肯教馳射數邊城

郎公將還京師賦此奉送

二七 一

西風吹雁滿關山愁見蕭蕭四牡還橫當清秋縈客恨衰
楊明日為君攀紫臺霜露催征騎丹闕星河啟曙班極目
長安天際遠離心空望五雲間

述懷奉呈郎侍中

漂零廿載隔中原老去空憐舌尚存自分耕鋤安玉塞誰
將詞賦達金門牛衣已盡書生淚雞赦頻思聖主恩何日
春風同燕雀萬年枝上一飛翻

又

吾兄二月十一及三月廿二兩札俱已郵至弟讀之喜而
悲悲而復喜吾兄及玉峯公救我之德何啻更生凡尋常
感恩佩德之語總不足以形容高厚庚子山云物受其生
于天不謝弟之今日正如此耳尚祈終始提挈俾得早還
早離一日苦海即早受一日大德以吾兄及玉峯兄季愛

我之意何僕遠矚然久客望歸不自知其頭々也茲因司
歷閱君之便草此奉聞可勝依々

奉吴耕方書

憶己亥春長兄送我請室凄其執别哀甚北梁為時幾何
再踰星紀依々之思南望沾衿冬初姚蒹三年姪來得奉
長兄手書二十年離索之悲三千里相思之切一披尺素
羈緒為開把翫彌旬涕與笑會長兄以枚馬之才遭右文
之代銅龍金馬照耀甚都屬此雁行能無雀躍弟昔去家
時年甫二十七意氣豪壯謂不後人令潦倒冰天忽將知
命窮廬土銼殆成塞翁回首曩年宛如隔世人生至此淒
咽何言長兄聞之應亦為我心惻也弟居在鎮城之西茅
茨卑隘僅堪容膝昨中秋日移入雁群年兄所贈之室簷
宇閒敞殊豁愁衿但不似貧士所居弟婦甚耐苦小兒年

二八一

巳十六使弓馬而不愛紙筆大女十齡頗能識字次女六歲亦聰慧可喜每井臼之暇與二三兄弟吟嘯相對鄉音滿室宛在江南有門人陳昭令者文采風流絕類南士與弟居止接近時能賦詩破我旅恨此正如蜉蝣蟪蛄哀吟草間以自樂其春秋耳昨夏封山使者謬索詩賦人非執戟忽奏甘泉思之殊足笑人錢德老伍謀老姚琢老三年兄均屬申候琢兄更致惓切其嗣君薰三覲親南歸進謁階次長兄問之便可悉弟近況及臨潢風景也邊鴻殊便時企德音勞勞之心與紙偕去

致李棠

十載前即仰企聲名不意弟還鄉國而台臺乃淪跡遐陬人事錯迕類多如此頃歲欲從胡璞老處一奉顏色而返車言邁未遂鄙懷爲悵何如敝門人至獲承惠書忻快殊

極惟望讀書學道以慎玉體則其旋之吉未可知也

荅陸令書

廿年判袂一夕披襟宴笑樽壘殷勤縞紵良友之情一何珍重每懷斯誼靡日能忘弟抵都之日即走一緘奉報而圍人已行此札遂未及達爾後他冗紛紜兼以多病缺然中候懺仄何言忽奉手書快如復面但益增弟心之恧耳華兄已往故鄉重陽時當復來此前所托已面致之華兄之懷企年翁有如飢渴其意極殷殷也令弟年翁尚未把晤即當覓便稍候餘衷嗣布不既

致成侍中容若

昨嗽佳粺胃氣頓開于此久習亦如逢舊識耳舍甥小兒亦居此相伴復攜兩力以供奔走午間尚欲得粺飯幸勅廚人以精潔者相餉并乞命一尊伴來此以便百凡尊處

壳一

移取畫册及唐人小說立命檢示 一

答玉虹友

日來賤體委頓特甚竟不能款坐兼懸聞人聲深感惠問尊詠病中未能畢閱俟稍痊當細為借箋也

致客老

日去日遠相思日深兩承惠書愛我何至賤軀以立冬日漸瘉手足腫消之亦漸減腹疾瘉其八九脈氣平和可望得生矣附子餅過一枚人參加至八錢今尚大餅東僧緣金付訖此真大善事也弟藥餌之需復蒙垂濟總之此身公身也尚敢言謝乎夫子尊前乞稟候華兄想月内可到陸令若無暇賜以顏色乞傳溫語諭之足矣

又

昨委頓竟日如中酒者今似小差然手足腫欲乞馬公一

視偶思吴中觥舡燻鯽特以製法奉覽即以勅厨先生或
暇一過我

又

雨窗欹枕殊復清幽惟念伊人縈迴懷抱閒耳老僧擊鼓
每一奮椎即數千百聲令人神思震蕩清梵疎魚自足快
禮何必作霹靂耶乞命一尊伴諭之

又

披對尊照喜慰無量秦少游閱輞川圖而病愈想正爾爾
賤體不思飲食即飲食亦不易消土虚則補其母藥中欲
用附子乞命價詢之馬公為荷

又

頃接手函牘如披覿但捧咏之餘轉深相憶耳知起居清
勝寸牘爲慰復讀新詞凄艷而婉媚真箇中人箇中事臨

三十一

風展紙惟嘆風流不識以鄙言為有悵否賤軀尚未能愈
時時伏枕佇望歸鞍為我枚發炎景尚煩伏惟珍重餘言
嗣布

致劉道臺

治 荷老祖臺雅愛殷隆有踰骨肉中心銘佩非筆可陳
雖燕雲吳樹迢隔三千而綢結之思時依棨戟屢欲裁禀
馳候以塾務所羈未遑申臆茲因舍表姪 南歸之便
特令其叩首鈴下代伸敬衷尚蒙老臺垂念遠人呂楊生
而詢旅況則感荷良深矣

又

奉違台顏將復一載遥瞻棨戟勞結彌殷褰惟聲譽翔播
都亭 令旌閭門敍叩鈴閣老公祖好賢禮士藝林所仰
更祈俯推薦曾賜以青睞則 之感頌明德豈有既哉

卜令

廿載粥隱幸還鄉國與吾老表姪雖誼深中表而展覲未遑遙望楚雲秪增馳仰昨歲在禾與靜山表兄相晤殷勤把袂情均鶺鴒時欲一伸尺一上候起居而塵鞅所縈每謂台墀幸推薄兮進而教之姪以春抄復來都下館于舊席倘有便郵幸示德音臨楮瞻溯不盡依々

王司成

不奉笑言屢更蓂莢勞々之憶日在尊前頃率小兒上謁未及一叩畢比深用增悵小兒以朔野蒙童昧于筆墨重蒙題拭感荷何深今春姪金上簡就試成均伏乞老先生特加品騭列之顏行得倫宗之目糠粃可媿在前矣敬此上瀆不盡瞻企

致立齋

對我所欽病軀為愈枚公之叢蕞以加茲承餉佳致深荷
厚意

原書不著何人手錄副葉有四世孫毓裴五字并佛弟子朱文方印首葉頂有長留天地間朱文圓印下應著錄者姓名處已劃去案府志漢槎父晉錫崇禎十三年進士永明王時巡撫永郴桂長寶事不可為為僧九疑山著有孤臣泣血錄等書觀首篇與漢槎尺牘有父子共坐樓頭讀書云云疑始而出家禁網既解仍復鄉里也四世孫毓當即山子先生班固東都賦嘗圃艸以毓獸注毓同育府志育傳但云兆騫後人語涉鶻突此書姚子梁觀察於冷攤拾得鈺於鄉黨遺文寶如頭目假而遂寫并得證明為山子先生遺物他日當付之剞劂

為秋笳三集之佐證焉光緒丁未長洲章鈺記
漢槎家書輯存十五件上兩親者八件父殁後者七件
不能銜接固知遺落甚多非全錄也即其丁父艱事全
爲佚去他可知矣久戍冰天艱難危苦文人之不幸而
以比祁奕喜諸君六人之爲水兵往烏喇者又不幸之
幸矣何時釋回亦無從考查增人閱攬予於甲寅得秋
笳集茲又於章式之譯部處得見此冊因錄副以附集
後欲知漢槎始末者俾得大略焉石蓮隨志

右歸來艸堂尺牘一卷清吳江吳兆騫撰計家書十五
通致朋舊者廿一通首冠其父晉錫所付字一通海豐
吳氏傳鈔本爲葉揆初丈所得家書第一通首行吳氏
朱筆旁注云原書有以下皆高祖書六字章式之丈以原
書副葉有四世孫毓裘五字證爲山子先生遺物可信

三十二

也尋繹各書當自順治丁酉被逮至康熙戊申戍邊時所寄觀其音信投遞之難十二年中魚雁浮沈僅存如許宜矣越歲辛酉釋回相距十三年之久則又一字無存良可惋惜辛酉桭臣撰甯古塔紀略記述其父為之命名又遣赴烏喇及認工代役諸事悉本家書可以攷見一二意者桭臣在日家書猶得弆藏傳至毓遴手錄成冊後附致朋舊書疑毓以各處輯獲者今秋笳集中有戊午與顧舍人書適與此冊與顧華峰書相銜接使桭臣得寓目必為刊載入集也据桭臣跋謂兆騫著作頗富奈屢丁顛沛存者無幾則此冊未經刊行附詩述懷一首亦出集外尤為可珍詳覽諸札可見兆騫生平志節與當日塞上景物之備故棄之遺即此鱗爪豈可以等閒尺牘視之哉爰為印行以廣流傳顧廷龍謹跋

炳燭齋雜著

【清】江藩

炳燭齋雜著

合衆圖書館叢書二集之一

中華民國三十七年二月
上海楊季康先生捐贈
印行合衆圖書館志謝

炳燭齋雜著目録

右炳燭齋雜著四種清甘泉江鄭堂先生藩遺著未刊之稿先生少長吾吴受業於仲林艮庭之門淵源紅豆与同鄉焦里堂齋名有二堂之目生平博洽羣籍著述等身洎乎療疾自謂蟄成蠹齒半人視富貴如浮雲惟平生精力半瘁於此恐魂魄一去將委秋草欲謀剞劂募之同學方晴江為作募梓啟宋師初爲之跋云著有周易述補四册易大義三卷樂縣考二卷國朝漢學師承記八卷舟車聞見録十卷皆結寓成書矣按先生

著述實不盡此數種後經傳布未刻尚多亦有散佚即囫跋所載舟車聞見錄十卷乎未刊行者今載雜著僅存四卷已非全豹錄中記載多朝章國故蓋先生嘗佐治四庫七閣之事諳習舊聞定庵推為掌故之宗洵不虛也後客羊城阮文達督幕最久所得館金盡易端谿石硯歸裝壓擔暴客疑其挾巨金尾之盜向易舟發篋乃嗤而去味乎端硯記所述允為寢饋有得之言餘如續南方草木狀廣南禽蟲述略纂於粵中所謂多識於鳥獸草木之名亦可資矣曩承吾友諸君仲芳介其知好上海楊君季康與印里堂家祠告成閔丈葆之關心邑中文獻寓書眷眷以綏印先生遺著為屬俾之叢刊著述相益彰時方多難籌款未集而輟忽忽四年矣頃與諸君縱譚偶及斯稿未刊為憾諸君慨然重商楊君獨任其資克償宿願兩君關懷文化高誼可欽爰付石印為本館叢書二集之首國難未已物價動盪瞬息萬變不皇寄閔丈校訂他日見之當亦欣賞稱慰爾卅七年二月十日顧廷龍識

舟車聞見錄上

甘泉江　藩　著

制誥

國初制誥皆祕書院學士撰文如封三等伯佟六十四代誥封刑部尚書李思哈四代誥封見鄧廷羅二遠堂集

閤試

國初朝考散館大考皆曰閤試

八旗應試

順治十一年甲午命八旗士子應試額取六十人是科漢軍張俊升秀升兄弟同榜乙未同中進士

展試

康熙二十年辛酉西粤平定大吏請展賓興之典於明年二月乃命編修喬萊典試

平滇

康熙時吳逆不靖仁廟命貝子章泰爲平滇大將軍討吳世璠又命賴塔爲征南大將軍蔡毓榮爲綏遠將軍討耿尚孫三逆王師所向勢如拉朽冬至夜捷書至上大喜命廷臣播諸歌頌以紀威德海甯沈昭子珩上聖烈頌爲當時第一施愚山評其文曰精當博碩無踸踔組練之習珩康熙甲辰進士有耿岩文鈔行于世

河源

乾隆壬寅春豫省河決上命侍衛阿彌達告祭河神并窮河源奏稱探至星宿海西南三百餘里有一河名阿勒坦郭勒其西有巨石名阿勒坦噶素齊老蒙古語北極星石也崖壁黃赤色上爲天池流泉百道皆作金色入阿勒坦郭勒此乃黃河真源也阿彌達乃文誠公之子曾倩人畫探河源圖一時名流題咏殆遍

木蘭圍場

木蘭圍場乃聖祖時蒙古所獻之地東伊遜崖口首圍為永安莽喀西伊瑪圖崖口首圍為永安湃圍場多仍蒙古舊名惟此二處則國語也永安謂沙莽喀謂岡湃謂處均皆聖祖賜名每歲蒙古供獵者千二百人名射生手寅刻即往撒圍亦謂之合圍小獵國語謂之阿達密大獵謂之阿巴喇密收圍之處謂之看城亦曰等城等侍圍之至也每遇看城上親視調和湯飯並賞羊炙鹿以賜隨圍大臣侍衛及蒙古王公台吉等

千叟宴

康熙壬寅年舉行千叟宴至高廟御極之五十年乙巳開千叟宴與宴者三千餘人欽賜國子司業福建郭鍾岳一百五歲遠涉三千里詣闕與宴尤為盛事我國家翔和累洽仁壽同登伊古以來未有之盛典也

千叟宴聯句

乾隆丙寅年惇敘殿柏梁體聯句宗室一百三人有不能詩者皆高廟代作香山九老會親王允裪詩亦高廟代作是宴聯句貝勒允祁散秩大臣弘最敬依舊例求請賜句

薦玉

乾隆二十四年上祭社稷壇儀注無薦玉之禮諭以王庇嘉穀之義飭有司用玉將事著為令

雩祭

雩祭大禮向未舉行乾隆七年上以启蟄龍見郊雩並重命禮臣集議舉行

辟雍

京師太學自元明至國朝無辟雍乾隆癸卯春上酌古準今穿井引為圜水之制

帝王廟

康熙壬寅建歷代帝王廟諭旨凡帝王在位除無道被弒之國主此外盡行入廟廷臣議奏在升遐之前數日未及釐正致多遺漏自關入漢之桓靈高廟撤去桓靈祀晉元帝明帝成帝康帝穆帝哀帝簡文帝宋文帝武帝明帝齊武帝陳文帝宣帝元魏道武帝明帝太武帝文帝獻文帝孝文帝宣武帝孝明帝唐憲宗後唐明宗周世宗金哀宗凡二十五帝

泉宗廟

乾隆丙戌建泉宗廟於萬泉莊其地高於暢春園圓明園水皆北流

夕月壇

舊制夕月壇用白琥乾隆年間改用白璧

雍和宮

雍和宮世宗藩邸也登極後賜名雍和乾隆十年上因飛龍肇迹之所不可褻越乃莊嚴佛像命梵僧守之爲祝釐之所

齋戒

大齋之期御膳例不進葱薤等味

鹿角椅

太宗御坐鹿角椅敬藏盛京聖祖御坐椅敬藏山莊壬午年高廟特命工仿製焉

實録

乾清宮敬貯太祖實錄戰圖八冊乃盛京舊本高廟以尊藏珍帙子孫不能盡見辛丑春命依式謹摹二本一本貯上書房一本恭送盛京敬藏以垂不朽

安佑宮

雍正元年世宗於壽皇殿奉安聖祖御容朔望瞻禮高廟即位

後亦於壽皇殿東室虔奉世宗御容又於圓明園建安佑宮九室恭移恩佑寺所奉聖祖御容於中室奉世宗御容於東室

永慕寺

寺在南紅門舊衙門行宮之右聖祖為太皇太后建世祖為聖祖建恩佑寺於暢春園高廟為聖母建恩慕寺於恩佑寺側

實勝寺

乾隆戊辰金川用兵金酋恃碉樓之險久攻不克上命於西山設碉樓簡勇士習練得二千人命大學士傅恒為經略率之以行平金川後即碉旁舊寺易其名曰實勝昔太宗松山杏山之捷建實勝寺以紀勲乃仿其制又令成功勁旅立為健鋭雲梯營於寺之左右建屋居之健鋭營卒升雲梯及馬步射鳥鎗諸技趫捷非常平定西陲及大小金川皆用以克敵

清淨化城

順治九年十二月五輩達賴喇麻於南苑迎謁世祖因建德壽寺又於京城蒙古朝覲所居之地建東西黄寺乾隆乙亥七月班禪額爾德呢入覲命居西黄寺庚子十月化去止於寺旁建塔賜名

哈達

乾隆乙巳正月六日舉行千叟宴時京師妙應寺遼之白塔寺也塔上級懸有哈達非人力所能為遠近瞻禮咸稱佛力神通不可思議哈達者蒙古語奉佛吉祥製帛也

萬壽燈

宫中每歲十二月二十四日於乾清宫丹陛左右設金龍柱二各懸繡金字萬壽寶聯十六幅前明舊制也除夕易懸萬壽燈後又命大學士彭元瑞製燈聯新句得蒙睿賞

聯句

每歲新正重華宮茶宴廷臣有聯句之典丁未林爽文滋事戊申高廟以平定臺灣聯句為題因未獲賊首遲至仲春朔日始得捷音即於是日在東廂命諸臣入宴依例舉行

四庫全書

乾隆癸巳詔購海內異書兼發秘閣藏本命詞臣校輯又於永樂大典內採集亡書以復古籍之舊欽定為四庫全書每部三萬六千冊於大內盛京御園避暑山莊分建文淵文溯文源文津四閣藏弆各一部又於全書中擬擇菁華為薈要二部各萬二千冊分貯大內之摛藻堂御園之味腴書屋又發帑繕錄三分書分貯於揚州之文滙閣金山之文宗閣西湖之文瀾閣有旨許東南人士傳鈔廣布

法帖

高廟萬機之暇臨池染翰契合鍾王御書敬勝齋帖垂則藝林

矣又鎸三希堂法帖墨妙軒帖重刻淳化閣帖快雪堂帖八柱蘭亭帖八柱蘭亭者刻於石柱之上一董其昌戲鴻堂所刻柳公權書蘭亭詩二石渠寶笈所藏柳書蘭亭真蹟三董臨柳書四舊拓虞世南蘭亭序五褚遂良六馮承素七御臨柳本八大學士于敏中補柳書漫漶本

開山圖

乾隆時平定西域每歲春于闐採玉供獻得密勒塔山大玉一座高七尺博三尺以内府所藏周文矩大禹開山圖命工於玉上敬傳聖績又誌武功為我朝法物漢唐以來尺璧寸球以為異寳安得有此巨珍乎

思陵

崇禎思陵本田貴妃寢園無明樓享殿高廟修葺十三陵始為建置焉

内翰林

國初殿試新進士有與選内翰林國史館庶吉士者

張學士

張文敏照曾任大司寇獲咎革職上高廟加恩用爲内閣學士南苑大閱時照恭進冊頁其文結句云惟以習勞無伐可張下接寫學士云云蓋自稱張學士也高廟展視囅然謂其巧於寓意近乎東方曼倩之詼諧留置南苑巡幸時以備睿賞焉

世封

純皇帝昭雪睿親王多爾袞復還封號追謚曰忠補入玉牒並令補繼襲封人豫親王多鐸從睿親王入關戰功爲開國諸王最以睿親王株連降封信郡王亦應世胙元封如禮親王後改封康親王鄭親王改封簡親王親肅親王改封顯親王克勤郡王改封平郡王當時皆功在宗社今其子孫所襲均非始封之

名幾忘先世受封之由弗克顧名奮勉俱令仍復原封大哉王言誠百世不刊之論也

閒散宗室

舊制閒散宗室俱無頂戴壬寅年高廟命王貝勒貝子公之子孫及閒散宗室年已及歲者一體給予四品頂戴

長春書屋

雍正年間纂當今法會一書賜純皇帝號曰長春居士長春萬壽山靜宜園也避暑山莊寧壽宮等處皆以長春名齋用昭聖訓體仁臨民之意

玉華岫

玉華岫在香山明時所築因山洞為之冬間養桂於此以避嚴寒

寧壽宮

純廟未歸政之前葺寧壽宮又建[illegible]閣曰符望閣六十年歸政之
望也

五福五代堂

五福堂乃聖祖御書賜世宗者乾隆甲辰高宗因有元孫增五
代二字

德壽寺

庚子年純皇帝七旬萬壽後藏班禪額爾德尼來京祝嘏住於
此寺班禪額爾德尼以庚子七月至山莊十一月初二日患痘
身死

安遠廟

廟在熱河平定伊犁後仿伊犁固爾札廟之式建於山莊之東
北賜名安遠

承德府

熱河本爲廳乾隆壬辰升爲承德府增定學額成一都會矣

千尺雪

熱河千尺雪在山莊東北引武列水爲之武列水出察汗陀羅海距山莊二百餘里經固都爾呼達巴漢麓遂名固都爾呼河西南至中關東合茅溝河又南流合賽音郭勒水又西南與山莊東北之湯泉合又西南流沿山莊東北磬錘峰下行宮內亦有温泉流出入之因温泉色微紅乃賜名絳雪

圍場宴戲

乾隆七年始行二圍肄武之典從此每歲進哨宴諸王公台吉設詐馬什榜教駝相撲四戲

繼德堂

繼德堂烟波致爽皇祖所居純廟亦居此山莊內最爲寬敞之所歸政後命於松鶴齋後空地起造一如烟波致爽之制爲嗣

皇帝之居賜名繼德堂

夷齊松

木蘭圍場中有山峰名僧機圖下有喬松一本二株遠望如兩松丁卯年純廟賜名夷齊松

賦稅

前代地稅丁銀各為一欵我朝定為一條鞭法攤入地畝稅內名曰條銀每歲額徵三千九百四十一萬有奇仁皇帝特諭盛世孳生永不加賦恩施翔洽歷代所無也

鹽課

兩淮長蘆廣東浙江雲南河東鹽課每歲共徵正額銀五百七十四萬五千有奇

關榷

京師蘆溝橋崇文門左右兩翼天津山海淮安滸墅揚州蕪湖

舟車工

西新鳳陽山海臨清九江贛州北新浙海閩粤太平粤海龍江宿遷及張家口殺虎口歸化城統計稅銀五百四十一萬五千兩有奇

蘆魚課

江南安徽沿江海處所蘆課額徵銀十三萬二千五百餘兩江蘇安徽江西浙江福建兩湖廣東歲徵銀二萬四千五百兩有奇

茶榷

江蘇安徽江西浙江兩湖甘肅四川雲南諸省歲徵銀七萬三千一百兩有奇

雜稅

竹木等稅及各處落地雜稅每年徵銀八十五萬八千兩有奇

印稅

民間田房交易其值每兩輸銀三分布政司給與鈐印契尾並

行鋪各給牙帖歲徵銀十九萬有奇

礦稅

雲南金礦歲課金六十六兩有奇貴州思南府無定額雲南銀礦歲課銀六萬七千三百兩有奇永昌府及廣東無定額福建廣東廣西鐵礦額課銀二千一百五十兩有奇湖北四川無定額雲南鉛錫礦額課銀三千一百八十兩山西湖南四川廣東廣西貴州無定額

國璽

我朝受天命制玉為璽寶文始用國書嗣後又兼用古篆藏交泰殿凡三十有九此外復有受命于天既壽永昌璽及高斌所進寶應縣玉璽亦附藏內殿純廟以所貯歷年既久紀載失真且有重複考正排次定為二十五寶以符天地之數

通用小璽

聖祖戒之在得敬天勤民之寶聖祖世宗皆用以鈐御書純廟亦常用之又有自彊

不息猶日孜孜二寶

檄文

洪大經畧承疇檄川湖雲貴文曰告川湖雲貴諸侯王卿士將

校部曲及孫可望李定國大小中外各土司人等往者明祚將

盡瓦解土崩小盜陸梁污犯宮闕大君月死社稷諸臣國亡與

亡生民之命幾於泯滅我皇上紹三靈之緐祉當九服之歸心

應天順人入關除暴偏師窮追自成授首上下四方漸次底定

臨御天下於今十載惟雲貴絶遠未霑王化川湖獻版之後時

復未寧皇上聖德欽明布政垂惠萬邦協和黎民於變悼彼南

服獨為匪民懸此孑遺勞役未已是以赫然命予總率六師龔

行天罰兩廣江浙陸騎水軍分道並進維予奉辭銜命巠啟戎

車宏文告濟元元非欲窮武極戰以傷殺伐也故略陳安危之要其敬聽話言蓋聞得全者全昌失全者全亡禍福無門惟人自召是以見機而作不處凶危仁者之明也臨事制變困而能通智者之慮也漸漬凶頑往而不返愚者之蔽也往者翻山鷂一隻虎左革獻闖流毒天下川湖尤甚惟雲貴以稍遠未禍然繒繳坑穽良亦酷矣歷觀載籍盜賊之變未有甚於此者本朝開國之初秉鉞鷹揚順風烈火未鼓而滅後舞前歌此則天下所共知也比年以來屢奉勅旨罷兵鍵橐與民休息而孫李等憑恃險阻鴟張螳臂以逆我軍吏用是疆場申戒以為王誅所當先長驅南征致天之罰一軍度嶺萬里從風朱敬耀孫守金等咸就俘滅三千之衆悉為鯨鯢二王之兵從容定粵三川舊地悉入版圖鼙鼓未臨遐方率定此皆上天明威社稷神武非徒人力所能至也今予於十月一日濟師江表挽海陵之粟以

為儲蓄東南之課以為糧士飽馬騰南跨洞庭東制夔蜀將由四川以抵雲南自都勻而入貴竹三面具舉攻堅克敵鐃吹起而陣雲開劍鋩寒而瘴霧掃東南期命於是至矣予欽奉國威為民除害元惡大憝必當梟芟至於脅從皆非詔書所特禽先是袁滔妻子窮而歸命養之於秦李占春于大海率衆歸誠官之於粵凡此之輩數千百人舉衆來服豈輕舉措也哉誠乃天牖其衷計深慮遠審邪正之途明可否之分也皇天無親惟德是輔聞爾西南老弱者不得息飢疲者不得食連年讐戰寡婦孤兒夜魂哭泣夫以破滅之餘當奮□之勢以一隅之衆抗天下之師亦可痛矣爾等或夙懷忠義或絶風聲岩居洞處未詳利害然上心未嘗一日忘之聖朝開恩浩蕩重惜民命故設非常之賞以待非常之功若將校部曲遠近土司一應大小凡有位號者誠能封籍府庫戶口不煩兵刃計功論賞不失爵珪凡

所脇誘已往不問或與維新有能慕義効忠僇力赴敵或出兵以隷行間或輸資以餉戰士為我偵候得其聲息為我反間擒其黨羽為我犄角聲其侵軼為我設覆絶其歸路予便宜從事即飛馳功狀上於朝廷次第論定予以爵賞同列河山皇仁至冒不爾悟恩爾等其熟圖之是文乃鄭廷羅所撰廷羅字偶樵濠梁人貢入成均與吳興徐德蜚泰州陸元升桐城方子詒天長潘進也白門葉函公鹽城薛式九為姚江之學講貫不輟廷羅順治甲午鄉試下第後即從軍為洪承疇幕客以軍功授内閣中書又從定遠大將軍征鄭成功以中書署漳州府後為山東萊州府升辰沅兵備道告病歸

睿親王

睿親王多爾袞統衆入關首定燕京明之舊臣奉鹵簿迎之王曰此何物也對曰天子法駕王曰不敢我當效周公耳乃迎世

祖車駕入都王攝政年久頗多自專歿後為蘇克薩哈等構陷誣以謀逆遂以身後僭用明黃龍袞為覬覦大位之證國除乾隆四十三年高廟以睿親王奉迎世祖定鼎燕京厥功最著特予昭雪復還封號追謚曰忠補入玉牒配享太廟並令補繼襲封又以豫親王多鐸平流寇定江浙戰功為諸王最因睿親王誣獄株連降郡王改封信郡王特命世胙元封伏讀上諭云睿親王果萌異志兵權掌握何事不可為乃不於彼時因利乘便直至身後以借用明黃龍袞指為覬覦之證有是情理乎大哉皇言千秋之公論也

江源

江源出昆侖之南所謂岷山者乃入中國濫觴之始非江之原也昆侖即西藏之剛底斯在阿克里之西周圍有大海名瑪璩巴係西藏眾水之原喇嘛僧云龔陀龍王所居也江水由剛底

斯至金沙江入蜀江為中國之大江

南郊

純廟法祖敬天南郊大典無不躬親惟乾隆五年以嗽疾初愈不可以風命和親王恭代四十九年因舊恙氣滯復發遣皇六子恭代臨御六十年祇此兩次耳

曲宴

曲宴外藩向無此典始於雍正年間每歲開宴或於豐澤園或於圓明園皆設幄次典宴頒賚至乾隆二十五年平定伊犁回部圖功臣像於紫光閣并弆得勝靈纛及軍器以誌武成嗣是遂曲宴外藩於紫光閣矣

駿馬

乾隆年間愛烏罕進駿馬四高八尺賜名曰超洱驄曰徠遠騮曰月䯊駷曰凌崑白

太平門

南京太平門左扇箭鏃痕二一箭飲羽穿為穴一乃大兵取江甯時濬臺都統所射也

天妃

天妃相傳為福建林氏女生而神異其父為海估在大洋遇颶風恍惚見天妃凌波而來指揮神兵風遂息父歸而問之云在閨中刺繡時海神來告知父有難急出元神往救於是海舟往往見其形立誓不嫁死後屢示靈顯土人立廟祀焉宋時松江府上海縣供天妃像於城上之丹鳳樓中塑二仙女對奕天妃面南觀局或云二女天妃之妹也康熙十九年封護國庇民妙靈昭應弘仁普濟天后乾隆二年加封福佑羣生二十二年加封誠感咸應丁酉年臺匪林爽文作亂上命福康安率兵往勦渡海時蘇碭額兵船遇風折桅飄至黑水洋忽見異鳥一雙赤

喙赤足金眉飛集船首桅工等謂得神助可無慮矣適遇許長發兵船自澎湖駛至救援過船軍裝搬運甫竟原坐哨船下有數丈大魚浮出水面哨船登時沈沒蓋船底已壞大魚負至內洋數十人性命得以保全耳上以為仰荷神庥又加封顯神贊順四字以昭靈蹟天妃閩之湄洲人見劉克莊后村文集

佛像

真定隆興寺佛像高七丈三尺不知何時鑿像增木臂三十四

高廟命去之以復舊觀

武功

高廟武功十次前後平定大小金川二次平定準噶爾達瓦齊阿睦爾撒納二次回部大和卓木一次緬甸投誠一次平定臺灣一次安南投誠一次廓爾喀投誠一次又一次共十次武功十全因號十全老人內地奸民如王倫蘇四十三田五小醜跳

梁不足計也

獅子

康熙十七年秋錫剌伽國獻黃獅子命文臣作黃獅子賦

陳之遴

陳之遴字彥升號素庵浙江海甯人明崇正十年進士授編修升中允順治二年授識四年授秘書院侍讀學士五年遷禮部右侍郎六年恩詔加都察院右都御史八年擢禮部尚書時御史張煊劾大學士陳名夏結黨營私語涉之遴鞫訊不實免議尋加太子太保九年授宏文院大學士十年鄭親王濟爾哈朗等奏之遴承審奸民李應試時默無一言問之則云上果立置應試于法則已或免死則我必為所害是以不言似此緘默取容之人恐不堪重任詔之遴回奏乃上疏引罪上以之遴既知悔過將觀其自新調任戶部尚書會與名夏等集議革職總兵

任珍罪狀與同官兩議得旨責問復以巧飾欺蒙論死有詔從寬削二級罰俸一年仍留原職十三年正月奏請照律例以定滿州官員有罪籍没家產降革世職之法下所用議行二月復授宏文院大學士加少保兼太子太保疏陳營務三策一曰修舉農功二曰寬恤兵力三曰節省財用從之十三年上召吏部尚書王永吉等責其輕出虧帑司員朱世德之罪之遴漏洩上意乃諭之遴曰朕不念爾前罪復行簡用且屢誡諭爾曹以朕言告人乎抑思所行亦曾少改乎奏曰皇上教臣安敢不改特才疏學淺罪過多端不能仰報耳於是左都御史魏裔介劾奏之遴當上詰問時不自言結黨之私力圖洗滌以成善類而但云才疏學淺不能報稱其良心已昧如囑禮部尚書胡世安保薦庸劣知縣沈令式為知府旋被督臣糾劾植黨狥私確有可據密勿之地恐之遴一日不可復居給事中王禎亦劾奏之之

之遴係前朝被革詞臣來投闕下不數年超擢尚書旋登政府不圖報効市權豪縱皇上面加訶斥凜凜天威之遴不思閉閣省罪即于次日遨遊靈佑宮逍遙恣肆罪不容誅乞重加處分疏入並敕之遴據實回奏下部議擬革職永不敘用上念之遴大臣不忍即斥革以原官發遼陽閒住是年冬上復念之遴効力多年不忍終棄令回京入旗、十五年之遴以賄結內監吳良輔鞫訊得實擬斬奉旨陳之遴受朕擢用深恩屢有罪愆疊經貸宥前犯罪應置重典、特從寬以原官徙居盛京終、不忍棄、召還旗下乃不思痛改前非以圖報効又行賄賂交結犯監大干法紀本當依擬法姑免死著革職流徙家產籍沒後死于徙所有旨不准歸葬聖祖仁皇帝出關謁陵之遴繼室徐氏湘蘋跪獻自畫觀音像百幅上表泣、求歸骨故里上憐之允其所請

舟車聞見錄下　　甘泉江藩著

奄黨

明之奄黨馮銓本朝仕至中和殿大學士山東霑化李魯生仕至順天府丞

何焯

何焯字屺瞻長洲縣人其先元元統間以義門旌門乃取其名名書塾康熙二十四年由崇明縣學生拔貢貢國學時徐乾學與翁叔元搜羅寒畯有才之士可以立致青雲焯游二君之門見其行事不合於義有譏刺之言其後與翁祭酒絕交復忤健庵之怒至辯頌大府四十一年冬聖祖南巡駐蹕涿州召直隸巡撫李光地詢草澤遺才光地以焯對遂召見直南書房明年賜舉人試禮部不第賜進士改庶吉士直南書房尋命侍讀皇八子貝勒府兼武英殿纂修及散館有旨教習三年明年丁外

艱歸服闋丁後母艱家居選歷科程墨安溪貽以書曰有明盛時治大平而俗淳厚士大夫明理者多蓋經義之學有助焉今無論已仕未仕稍有才氣輒為詩古文視經義如土苴子誠諄諄以此指授甚善五十二年冬再以李公薦召赴闕仍直武英殿明年授編修又明年秋駕幸熱河有搆飛語以聞者上還京師焯迎道旁即命收繫并悉簿錄其寓中書籍付南書房學士蔣廷錫等視有無狂誕語檢五日無有閒有譏笑士大夫及詬近利文者雜箴以進而書中有厠辭吳縣令餽金札稿并進焉上閱畢怒漸解且嘉其有守檢數條命內侍詣獄詰責焯據實奏辯反報僅坐免官詔還其書命仍直武英殿六十一年六月九日卒於都門年六十有二上曰何焯修書勤學好問朕正欲用之不意驟沒深可憫惜復原官特贈侍讀學士賜金給符傳歸葬命有司存恤其孤子壽餘一名雲長洲縣學生員

宋琬

宋琬字玉叔號荔裳山東萊陽人明季乙酉拔貢生甲申避寇南徙杭州順治三年世祖以東南大定特命再行鄉會試丙戌中式舉人丁亥成進士授戶部稽勳司主事外補陝西分巡隴右道僉事陞永平副使浙江寧紹台道參政本省按察使先是文登有劇盜于七作亂族子某誣告琬與通謀遂繫詔獄窮治無迹猶輕重兩比以請廷議謂證虛不當坐放廢不用聖祖御極琬投牒訟冤始得昭雪補四川按察使又給以參政銜時應得誥命送一子入監讀書在任以發舉奸贜加一級入覲卒於京師

王祿琇

琇常州江陰人族姓楊父芳母繆氏芳字振陵受雲棲大戒臨終染衣自度謂琇曰不讀書即出家母亦受磬山記莂晚年離

俗依璓得悟宗旨世稱大慈老人璓乃磬山修之弟子機鋒敏捷與天童悟後先角立世祖遣使召至京師居萬善殿問如何用工璓曰端拱無為又問如何是大對曰光被四表格於上下又問孔顏樂處對曰憂心悄悄世祖大悅命近侍傳語恨相見之晚賜號大覺禪師尋以葬母乞還詔許之庚子秋復召至京師禮遇尤渥進號大覺普濟能仁國師臘月世尊成道日命於阜城門外慈壽寺為千五百僧說菩薩大戒又命作功夫說刊行之次年世祖升遐領弟子作佛事七晝夜訖事後請放還山命官護送康熙乙卯行腳至清江浦慈雲寺趺坐說偈而逝

金蓮花

山西五臺山產金蓮花塞外尤盛色黃狀如萱花七瓣至秋深花乾而不落結子如粟米而黑其葉綠色六月花放遍滿平原山谷夕陽西下時升高一望金色爛然奇觀也豈文殊道場天

故黄金布地耶土人摘花晒乾烹以代茗

款漢蓮

蒙古款漢蓮色鮮豔大聖祖移植山莊因有温泉霜降後尚作花與傲霜之菊競爽

紫菊花

紫菊花小而豔七八月間熱河處處有之元楊允孚灤京雜咏云紫菊花開香滿衣

翠雀花

翠雀花花身如雀有翼有尾花有黄心如兩目土人云即茱萸花熱河最多

鹿葱

鹿葱形類萱鹿喜食之木蘭最多

長十八

塞外有花葉似玉簪而小色紫本名紫鶴塞外名曰長十八元迺賢塞上雜詩曰雙鬟小女玉娟娟自捲珠簾出帳前忽見一枝長十八折來簪在帽簷邊寫蒙古女子態度吐屬在不雅不俗之閒詩人咏土風當取則於此

異花

繡毬梅花白叢生如毬珍珠花花白叢生如珠朝陽山中最多

芝

熱河松根落葉閒生靈芝多赤色

地椒

熱河地椒牛羊食之其肉肥美楊允孚灤京雜咏地椒生處乳羊肥又元許有壬咏地椒詩甚工凍雨吹花紫輕風散野香刺沙尖葉細數地亂條長楚客收成裹奚童擷滿筐行厨供草具調鼎爾非良周伯琦上京扈從詩注什巴爾台北皆芻牧之地

無樹木偏生地椒野茴香今地椒多而茴香少

野穀

康熙年間烏喇樹孔中忽生白粟一科土人以其子播種聖祖
命植於山莊内米色純潔味甘性膩可作糕餌

東墻

後漢書烏丸傳其地宜穄及東墻東墻似蓬草實穄子三國志
穄作葵乃妄人所改穄十月成熟其色青黑烏丸今之熱河土
人呼東墻爲稗子語曰借我東墻還我白粱

草荔枝

熱河有草叢生結朱實至秋而熟味甘無子如廣南荔枝聖祖
賜今名

地莓

熱河普盤木本叢生莖白色有倒刺葉似櫻桃四月開小白花

結朱實味甘酸如楊梅又有藤本緣樹者名麥母草本委地而生者名地莓

楮李

櫻額樹叢生結實如葡桃味甘而澀夏日枝頭纍纍殊堪悅目關東人呼為槲李取實曝乾磨麪調水服之可止瀉洩即本草之楮李也

荅遝

倒吊果形似山梨而小味酸多沙長蒂凡果生皆向上此則花果皆下垂故名聖祖幾暇格物論謂即司馬相如上林賦之荅遝也

天竺

熱河天竺叢生深秋結實高廟賜名北天竺

烏沙爾器

塞外有樹高數尺實如櫻桃而小味甘苦深秋結實枝頭纍纍幾及千顆蒙古呼爲烏沙爾器

奇石密食

奇石密食緑葡萄也無子布哈爾所産高廟平定西域自回部移植山莊布哈爾在葉爾羌之西石讀平聲音麴如

歐李

烏喇奈一名歐李寔似櫻桃而大味甘酸不可多食多食則氣悶土人呼爲酸丁予在灤陽食此果戲謂友人曰繹此果名可見秀才不可交也相對失笑

巴欖杏

元楊允孚灤陽雜咏杏子何如巴欖良巴欖今稱叭噠

落葉松

落葉松松葉杉身生興安嶺北質堅入水土中年久化爲石即

木變石也芒刺傷人肌即腫潰難消葉遇霜即落

樽欏

塞外樽欏即槲也急言之槲也徐言之樽欏也朝陽縣土默特山中尤多深秋其葉丹黃與楓林相映

椵

椵蒙古謂之多們葉大如團扇初生時可裹粉餌霜後鮮紅可愛土人取其皮作網堅固異常

樺

樺木蒙古謂之威遜圖取其皮為刀弓之靶内地名樺皮焼之其香撲鼻

曬樹

曬樹喜日日照之其葉更盛花黃色

六道木

六道木生塞外五臺亦有之榦有紋六道細如綫界畫甚工雖斲而小之皆成六道喇嘛用作念珠取六道輪回之意

文木

塞外有樹結實纍纍色粉紅狀如秋海棠中含紅珠一顆晨放暮斂土人稱爲明開夜合其本白色如黄楊可用以飾器名文木

芍藥

塞外芍藥其大如斗

杉

蒙古謂杉曰楚古爾蘇謂柏曰邁拉蘇台

夜亮木

枯木入土千歲後夜即放光置暗室中如月影以素瓷盆貯水投木入水中通體空明畧無障翳

人參

人參有三種遼東清河土木今山海關以外所産者遼東也高麗所産者清河也熱河所産者土木也皆一本五椏五葉新唐書檀州營州貢人參即灤陽所産也又五代史宴常採北山人參北山今之豐甯縣西境外諸山聖祖人參詩序曰熱河産人參不及遼左枝葉皆同命翰林蔣廷錫繪圖藩曾見南沙所繪人蔘圖副本於吳門陸姓家

玉草

玉草生塞外色白山東德州人用之織爲涼帽故名玉草蓬子

狼

狼蒙古謂之綽諾承德府屬境内之山多産狼有山呼爲綽諾國者以狼多得名

禮鼠

人參

人參有三種遼東清河土朮今山海關以外所産者遼東也高麗所産者清河也熱河所産者土朮也皆一本五椏五葉新唐書檀州營州貢人參即灤陽所産也又五代史奚常採北山人參北山今之豐甯縣西境外諸山聖祖人參詩序曰熱河産人參不及遼左枝葉皆同命翰林蔣廷錫繪圖藩曾見南沙所繪人葠圖副本於吳門陸姓家

玉草

玉草生塞外色白山東德州人用之織為涼帽故名玉草蓬子

狼

狼蒙古謂之綽諾承德府屬境内之山多産狼有山呼為綽諾國者以狼多得名

禮鼠

舍利孫即豹也

鼲

灰鼠即鼲也

野豬

野豬長鬣左右有獠出兩頤外長三四尺利如鋒牙人畜當之立斃每一母豬行則群雄隨其後獵戶見其來即避去蒙古呼爲噶海

犬

塞外獵犬大如川馬能搏虎豹周伯琦詩獵犬高于鹿

箬漠鮮

箬漠鮮似鱸細鮮重唇身有黑斑伊遜河所產尤多箬漠鮮國語也蒙古謂之集伯格

魚兒石

朝陽縣山中產魚兒石石質不堅層層可剝各有魚形隨剝隨異無相同者

黑蝶

熱河黑蝶身有花紋五色俱備大者七八寸來往花中頗饒野趣惜無善繪事者圖之

蟬

熱河多蟬與絡緯秋日蟬鳴樹杪夜則絡緯鳴於籬落其聲皆清越哀楚聞之動鄉關之思蟬蒙古語曰綽爾爾齊絡緯產興安者小而色綠異於他種

驢

塞外無驢惟喀喇沁有之

蠶

塞外無桑飼以槲葉所織繭細如廣東之繭又一種細而薄者

卷中下　八

名邋蹋細

蕨

灤平縣有蕨菜溝土人採之曝乾和豬肉煮食頗有風味

蘑菇

蘑菇多生於車帳卓歇之所

蕭艾

木蘭多蕭艾香氣撲人入圍之馬食之毛色光潤又多鹿麅八月內四遠之麋鹿獐麅皆來就食

布魯特

布魯特回部之別種也屬喀什噶爾乾隆初將軍兆惠搜剿逆回小和卓木道經其地酋長圖魯起拜等遮道陳請內屬並遣大首領詣闕乙酉年烏什之變布魯特散秩大臣阿其睦又著勞績不供賦役昔日大和卓木布喇哈尼之子薩木薩克潛逃

在色默爾罕地方甲辰年遣回人托克素丕與布魯阿其睦之弟額穆爾私通信息匿留勾結經喀什噶爾伯克鄂斯滿訪聞舉發阿其睦偏袒其弟即向綽克托保成處誣克鄂斯滿亦與薩木薩克有通信之事又與英吉沙爾之伯克阿禮木同謀陷害告鄂斯滿阿禮木亦潛通薩木薩克經保成訊出實情即行擒治其子燕起懼罪將保成鄂斯滿所遣之伯克戕害逸走保成調兵剿捕上謂保成輕舉妄動即降旨令其速行停止但檄令別部乘機截拏遵旨辦理額特格訥部落之布魯特葉爾鐵拜等同兄弟三人派部下布魯特三千餘名追捕燕起及家屬人等全行緝獲鄂斯滿晉封貝子葉爾鐵拜弟兄三人賞二品散秩大臣職銜花翎燕起家屬後其黨私縱之又復跳走喀什噶爾參贊大臣明亮擒獲伏法

南掌

南掌古越裳氏地雍正八年奉表入貢後五年一貢乾隆七年因其道遠定為十年一貢庚戌高廟八旬萬壽具蒲葉表文馴象二入京祝嘏表文云欣聞庚戌八月大皇帝八旬萬壽慶洽普天歡騰中外小臣遠居南徼赴闕庭泥首千叩謹具表文象隻遣使叩祝伏願常調玉燭萬載清寧使小臣得永荷渥澤曷勝頌禱

緬甸

乾隆年間征緬之役大將軍明瑞於天生橋陣亡上命大學士傅恆進討連破賊壘可以計日蒇事矣上聞其地水土惡劣將士多病特命班師適傅恒奏緬酋懵駁遣大頭目詣營籲求貸罪遂命撤兵戊申年雲貴總督富綱奏緬甸掌管國事孟隕遣大頭目三名小頭人十二名賫金葉文馴象金塔等件款關進貢其來文稱其父甕籍牙承管國事至其兄懵駁傳子贅角牙

同時為悉獲罪天朝繼蒙寬赦不加征剿感激實深伊與懵駁父子素不和睦藏身緬寺為僧自贅角牙自取滅亡衆頭目舉伊掌管國事屢欲乞求進貢因暹羅時相侵擾並移建城池未遑將使茲特差心腹賫表並具貢物懇祈轉奏乞恕已前之罪永作域外之臣自此以後遂為屬國先是雲貴總督楊應琚率師征緬病重命其子重英視疾重英貪功詭稱奉旨代父督師興兵進討兵敗為緬酋所虜誘之降不屈乃送緬寺為僧至是緬酋呈請送回行至雲南病死上始知重英並未降遂赦放其子孫出詔獄重英之女作詩紀恩有九重丹詔稱蘇武百口訛傳說李陵之句一時膾炙人口蓋上謂蘇武在匈奴娶婦生子重英為僧無娶妻生子之事賢於武矣

廓爾喀

廓爾喀在後藏之西地名陽布乃厄內特可克痕都斯坦之別

部距京師二萬餘里乾隆戊申夏侵擾後藏邊界上命將軍鄂
輝帶兵嚴剿克復濟嚨聶拉木等處賊犯畏威遠竄遣頭人乞
罪求內附總兵穆克登阿張芝元率同西藏之噶布倫(西藏董事官之)
稱帶領廓爾喀大頭目噶登嘛撒哈哩烏巴第哇并小頭人哈
哈嗟爾等十餘人於五月二十五日前來環跪營門悔罪乞恩
據稱彼處與唐古特(即西藏)本是和好近因西藏人貿易貨物任
意加收稅額并於食鹽內攙和沙土又嫌銀錢低潮不用彼管
事頭人屢次寄信講說付之不理是以無知侵犯邊界及聞天
兵到來不敢抗拒聞風退回本欲於春間即來求懇實因雪山
高大是以遲延且稱彼處同為天朝百姓蒙大皇帝不加誅戮
並將西藏多事之噶布倫索落木旺札勒父子及加稅之第巴
桑噶均革退治罪又將駐藏大臣俱即更換彼王子頭人無不
感仰大皇帝公正嚴明之德以後永遵王化斷不敢多事等語

己酉冬遣大頭人巴拉以都爾喀哇其等入覲進貝葉經經文出厄訥特可克即釋迦宣教之所西藏喇嘛但識番字不通梵文非智慧聰明者不能識惟班禪厄爾德尼及章嘉胡土克圖能識之內府舊藏一本章嘉國師定爲無量壽經所進之經與舊本文字相同知爲無量壽經也

回疆

回部在天山之南乾隆時準夷達瓦齊就擒後阿睦爾撒納投誠又叛回部大和卓木喇哈尼敦小和卓木霍集占助逆上命將行師二酋逃入拔達克山旋即函首奏捷於是天山以南東西三千餘里周圍萬餘里大城五小城十三盡入版圖矣

葉爾羌

葉爾羌漢語土宇羌漢語寬也其地土田沃衍屬境三十九漢爲莎車國北魏爲渠莎國唐以後併入于闐明稱葉爾奇木或稱

葉爾欽欽即羌對音譯字不同耳至京師一萬二千三百八十五里設辦事大臣一員協辦大臣一員

喀什噶爾

喀什漢語曰初噶爾漢語曰缻初缻之謂也屬境二十一自漢及宋為疏勒國元明稱哈什哈爾至京師一萬一千九百二十五里設參贊大臣一員協辦大臣一員總理合各回城事務

和闐

和闐即古之于闐也產玉有玉河方亘千里桑麻禾黍宛如中土回人謂漢為黑台和闐乃黑台之訛音耳因其地似中土故蒙是名屬境三十二最著者六城至京師一萬二千一百五里設辦事領隊大臣二員

烏什

烏什漢語峰岳飛騰聳峻也其地三面據山西南對山若成劉

境二十二自漢及魏爲尉頭國隋爲疏勒國地唐置尉頭州宋仍屬疏勒明爲巴什伯里至京師一萬九百九十里太設參贊大臣一員乾隆五十三年移駐喀什噶爾設辦事大臣一員兼理阿克蘇賽喇木拜諸城事務阿克蘇者回語謂白曰阿克水曰蘇其地最高城墉陡峻四城連峙一大城環之屬境二十一自漢及北魏爲溫宿國隋爲龜茲國地府爲溫府州元明爲巴什伯里地至京師一萬七百九十里設領隊大臣一員大城之外又有小城十三一曰庫車即古龜茲國唐置都督府元明巴什伯里地設辦事大臣一員二曰喀喇沙爾舊名哈拉沙拉即漢焉耆國唐置都督府宋屬回鶻元明爲巴什伯里地有海外水散入四山之内周匝其城土田肥沃兼有魚鹽蒲葦之利設辦事大臣一員三曰英吉沙爾舊名英阿雜爾又名英噶薩爾漢依耐國地設領隊大臣一員屬喀什噶爾參贊大臣管理四

曰沙雅爾庫車庫車西南百六十里屬庫車大臣管理五曰布古爾在喀喇沙爾西五百九十里六曰庫爾勒在喀喇沙爾西南一百五十里俱屬喀喇沙爾大臣管理七曰賽里木在庫車西八曰拜城又在賽里木西俱屬阿克蘇大臣管理九曰哈喇哈什十曰玉隴哈什十一曰車埒舊名齊爾拉十二曰塔克十三曰克爾雅舊名克勒底雅俱屬和闐大臣管理

廓爾喀復叛

乾隆辛亥廓爾喀復叛上命福康安統率勁旅致討先是後藏邊外有巴勒布三部為廓爾喀兼并遂與後藏之聶拉木濟嚨宗喀等處接界戊申年廓爾喀侵此三處上因巴忠習唐古特語命與鄂輝成德馳往辦理巴忠等奏廓爾喀畏罪投誠辛亥八月駐藏大臣保泰雅滿泰奏廓爾喀復來侵擾有索債之言蓋巴忠與噶布倫丹津班珠爾私句廓爾喀許給元寶三百枚

歲以為例退回侵地竟不給付廓爾喀設計誘丹津班珠爾至聶拉木假言會議讓減至春隊擄去挾以為質巴忠畏罪投水自盡保泰一聞賊至即將班禪額爾德尼移至前藏及賊匪搶掠扎什倫布並不帶兵勦殺奏請將達賴喇嘛班禪額爾德尼移駐泰甯西甯等處上因其種種錯謬即欲正法念伊係拉什之孫其父那木扎爾又經陣亡姑從寬典在藏地永遠枷號雅滿泰厥罪惟均一併枷責示儆班禪之弟沙瑪爾巴唆廓爾喀謂伊與班禪之徒仲巴呼圖克圖歲俸堪布俱係前輩班禪同母弟兄所有扎什倫布貲財伊原屬有分可以到彼搶掠仲巴聞賊至不為守禦帶細軟而逃濟仲扎等又托占詞不吉以致守禦無人刼掠廟宇並將歷輩喇嘛金塔殘壞濟仲在彼剝黃正法仲巴解京免死安插寺廟

衞藏

衛藏有前後中三處卡木為前藏即打箭爐外察木多也其地山勢峻拔為帕克巴呼圖克圖所居之地衛者漢語中也即布達拉大招達賴喇嘛所居是為中藏藏者漢語謂之淨又譯為善即扎什倫布廟乃班禪所居也烏斯藏衛字之分書唐古特書凡整字下加以斯字讀如危讀多為堆挫斯為催烏斯為衛衛漢語謂之中藏漢語謂之好族曰圖伯特人曰□□

喇嘛歸順

崇德七年喇嘛由草地至遼東奉金葉表文稱曼殊師利大皇帝曼殊滿洲對音字也康熙時噶爾丹與喀爾喀交通藏巴汗藏巴汗威虐各部毀棄佛教削喇嘛理事之頭目第巴第巴乞師於青海之固始汗擊滅藏巴汗康熙三十二年即封第巴桑結為藏王時達剌喇嘛示寂第巴隱匿不奏者十六年暗與噶爾丹相為表裏及召班禪來京又阻其行聖祖親率六師三征

之噶爾丹敗亡而是時固始汗之曾孫拉藏殺將第巴即封拉藏為藏汗於是藏地歸我幅幀矣後準夸噶爾策旺阿拉布坦遣將策凌敦多布率衆至藏攻殺拉藏汗據其子肆行猖獗皇祖遣將軍富甯安等進討賊衆遁歸雍正元年撤回官兵以噶布倫貝勒康濟鼐總理其地五年噶布倫貝勒子阿爾布巴公隆布鼐台吉札爾鼐等復謀殺濟鼐辦理噶布倫事務之札薩克台頗羅鼐走避後藏遣兵進勦明年頗羅鼐率後藏衆部落回藏阿爾布巴等伏誅遂晉封頗鼐為貝勒辦理衛藏噶布倫事務藏地復安輯如故

準夸

準噶爾元時為部落元亡強臣分為三其渠有馬哈木者即明時脫歡太師之父蒙古謂釜曰脫歡今準語釜為海蘇諱其祖也準夸四部為四衛拉特明史瓦喇即衛拉之轉語瓦剌太師

也先是也噶爾丹者巴圖爾渾台吉之第六子策妄阿拉布坦者巴圖渾台之第五子僧格之子僧格為其兄所殺噶爾丹乃自藏回舊部為汗康熙年間犯塞敗死策旺阿布坦收其父舊屬及噶爾丹餘眾復成部落遂據汗位子噶爾丹策凌孫策妄多爾濟那木札爾其庶兄喇嘛達爾札篡其位達瓦齊者巴圖魯渾台吉第七子布木之曾孫復篡其位康熙間準噶爾掠喀爾喀闌入內地聖祖三征朔漠龔行天討噶爾丹竄伏冥誅策妄阿拉布坦縛獻後其子又復滋擾西藏為王師逐走其子噶爾丹策凌又復鴟張世宗議以兩路進勦未及剪滅旋即班師

達瓦齊

準夷達瓦齊格登山敗後逃入回疆回人阿奇木霍集斯伯克執獻軍門以其罪在篡奪暴虐並未侵犯天朝封為親王置之京邸

阿睦爾撒納

阿睦爾撒納與達瓦齊狼狽為奸用其計以篡喇嘛達爾扎假之位後推達瓦齊為汗復叛降本朝封輝特親王用為副將軍繼又叛去誘伊犁諸宰桑克什木阿巴噶斯哈丹包沁等斷臺肆掠敗後逃入俄羅斯出痘死

四衛拉

一曰綽羅斯一曰都爾伯特一曰和碩伯特一曰輝特綽羅斯和碩伯特輝特三部反覆叛亂自貽顛覆惟都爾伯特一部始終恭順

伊犁

伊犁設將軍一參贊大臣一分駐惠遠城統駐防滿洲蒙古錫伯索倫達呼爾厄魯特官兵游牧之領隊大臣亦分理之總管六塔爾巴哈台參贊大臣一領隊大臣一管厄魯特總管一凡

西域新疆諸事皆總成於將軍形勢連絡屹然重鎮

壽婦

高廟八旬萬壽布嚕特畢班之母年一百又六歲赴將軍衙門

叩首恭祝萬壽

甘泉江藩著

區田

區田按舊説區田地一畝闊一十五步每步五尺計七十五尺每一行占地一尺五寸該分五十行長一十六步計八十尺每行一尺五寸該分五十三行長濶相折通二千六百五十區空一行種一行於所種行内隔一區種一區除隔空外可種六百六十二區每區深一尺用熟糞一升與區土相和布穀匀覆土以手按實令土種相着苗出看稀稠存留鋤不厭頻旱則澆灌結子時鋤土深壅其根以防大風搖擺古人依此布種每區收穀一斗每畝可收六十六石今人學種可減半計之又參攷氾勝之書及務本新書謂湯有七年之旱伊尹作爲區田教民糞種負水澆稼諸山陵傾阪及邱城上皆可爲之其區當於閒時旋旋掘下正月種春大麥二三月種山藥芋子三四月種粟及

趂等娛戲菽粟諸芋雜數品辨作儲糧接充餌終年五口儘無飢倍種兼收仍不啻久知豐歉歲不常大抵古今同一致天災莫禦自流行魃虐此時憂悉被吏民百禱竟無功稼野一枯之秉穗令人空仰昔阿衡徒法不行誠自棄揭來學製古侯邦承恩例署兼農事帶山田少闕食多教不及民深可愧故將制度寫為圖庶使貧農窮地利曾須歲歲保豐穰共享太平歌既醉

架田

架田架猶筏也亦名葑田集韻云葑方用切菰根也葑亦作澍江東有葑田又淮東二廣皆有之東坡請開杭之西湖狀謂水涸草生漸成葑田考之農書云若深水藪澤則有葑田以木縛為田坵浮繫水面以葑泥附木架上而種藝之其木架田坵隨水高下浮泛自不淹浸周禮所謂澤草所生種之芒種是也芒種有二義鄭元謂有芒之種若今黃穋穀是也二謂待芒種節過

大小豆八月種二麥豌豆節次為之不可頗多夫豐儉不常天之道也故君子貴思患而預防之如嚮年壬辰戊戌饑歉之際但依此法種之皆免餓殍此已試之明效也竊謂古人區種之法本為禦旱濟時如山郡地土高仰歲歲如此種蓺則可常熟惟近家瀕水為上其種不必牛犁但鍫钁墾斸又便貧難大率一家五口可種一畝已自足食家口多者隨數增加男子兼作婦人童稚量力分工定為課業各務精勤若糞治得法沃灌以時人力既到則地利自饒雖遇天災不能損耗用省而功倍田少而收多全家歲計指期可必實救貧之捷法備荒之要務也詩云昔聞伊尹相湯日救旱有方由聖智限將一畝作田規計區六百六十二星分棊布滿方疇參錯有條相列次耕畬元不用牛犁短臿長鑱皆佃器糞腴灌溉但從宜瘦坡窮原俱美地舉家計口各輸力男女添工到童稚坎餘種耨非重勞日課同

乃種今人占候夏至小滿至芒種節則大水已過然後以黄穋穀種之於湖田然則有芒之種與芒種二義可並用也黄穋穀自初種以至收刈不過六七十日亦可以避水溢之患竊謂架田附葑泥而種既無旱暵之災復有速收之效得置田之活法水鄉無地者宜傚之詩云稻人種蓺巧憑藉既辦土宜知土化只知地盡更無禾不料葑田還可架從人牽引或去留任水淺深隨上下悠悠生業天地中一片靈槎偶相假古今誰識有活田浮種浮耘成此稼但使游民聊駐脚有産諒非爲土著縣官税畝倘相容願比年年務農作

區田架田二篇乃元王禎農書也區田之制可以通行天下至於架田北方之淀南方之江湖皆可依式爲之嗟乎使菽粟如水火而民焉有不仁者乎楨曾爲旌德縣令所著農書二十二卷乃明初槧本予向有此書吴門濮文自崑所藏本也上有余

古農先生跋丙午丁未江南大飢赤地千里以書易米今不知歸於何人矣農書二十二卷凡農桑通訣六卷穀譜四卷農器圖譜十二卷

限田論

國朝黄震孫限田論其文曰聖王之治天下也所以使之各得其所而無所偏陂不平之患者非能設為一切之法以整齊之也亦因乎時勢之所宜而善用其補救而已矣天下之人如此其衆也其不能有智而無愚有强而無弱者勢也智强者常有餘愚者弱者常不足亦其勢然也夫既已不能無有餘不足之分則智者不必其欺愚而愚者自為智所役强者不必其凌弱而弱者自不得不折而入於强此雖聖人復起豈能使之均平若一哉故但使人之智者强者皆兢兢不敢自恣而愚者亦安為之愚弱者亦安為之弱而天下固可以治鰓鰓焉存抑彼伸

此之見而欲以古人之成法治今日之民則其勢必有所不行
昔者井田廢而阡陌開固亦窮變通久之勢所必至也而兼并
之亂遂日以戚於是董仲舒師丹諸儒建限田之議而卒不果
行至元魏口分世業之法其法較密而亦行之有效說者以為
得井田遺意而惜其後無踵而行之者嗚呼孰是說也幾何而
不為安石之周禮耶吾觀三代盛時以九職任萬民自邱陵園
塵漆林而外大率盡歸於井田每夫受田百畝餘夫又別受田
二十五畝宜其民皆有以自養然其時有閒民轉移執事待人
而食者且夫鰥寡孤獨廢疾之倫不可勝紀也是貧富之不齊
固自古而已然矣況積漸以至今日而安得不富者連阡陌而
貧者無立椎也哉凡事處積重難返之勢而一旦欲力矯其弊
未有不至於擾民者彼口分世業分之法吾謂獨元魏之世可
行之耳蓋北方土廣人稀而魏又承十六國縱橫之後人民死

亡畧盡新附之衆土田皆非其所固有而户口復可得而數是
以其法可行要之田無盈縮而人有衆寡更一再傳而其法當
亦不能無弊也若大江以南則更有不可行者非特奪富民之
田以予貧民而以為不可也夫憫民之貧無立錐也而欲奪富
民之田以予之則必人人有以予之而後可也今之大縣户不
下數萬茍欲計口授田則田少而不足給其不可一也今之承事
於官者率富民也徵發之令不及於小民彼小民竭終歲之力
不過能耕十畝益有見徒隸則心惕息者矣設與以數畝之田
而責以賦役之事彼將為賦役所困而并不得安其耕其不可二
也量人量地斟酌損益雖得良有司竭力奉行亦非期年所可
辦其間奪者已奪受者未受國家之財賦力役將責之何人其
不可三也至於既行之後又當鉤考其受田還田吏胥上下其
手弊孔必且百出其不可四也且緩急人所時有今既官為之

限則賣買之際必多窒閡而難通其弊也勢必富者有多田之
實而無其名而民之困乃愈甚其不可五也故欲以多限之如
綏和之名田無過三十頃則雖稍可裁抑豪右而實無補於小
民也欲以少限之如太和之人受露田四十畝桑田二十畝則
富者必見怨而貧者不必見德不適足以擾民哉故以限田為
良法而欲行之者皆不審於時勢之說也吾謂後之君子留心
田制亦務時其消長正其版籍禁其侵欺而輕徭薄賦以與民
休息使富民皆得推恩於貧民而貧民亦庶知自好而恥犯法
則物各得其所而天下治何必附會井田始為仁政哉
國朝胡朏明書揚州田賦後云今天下號為財賦之藪者江東
浙西數百里之地蘇松常嘉湖五郡而已或頻太湖或夾松江
自唐以來其田日增太率圍占江湖以為之者也禹之治水也
空其旁近地以居水故水潦大至而得所瀦其於震澤亦當若

是紹興二十三年諫議史才言浙西民田最廣平時無甚害者太湖之利也近年瀕湖之地多爲兵卒侵據累土增高長堤彌望名曰壩田旱則據之以漑而民田盡沒此上流圍田之害也其下流則吳之南古有笠澤在松江左右春秋時此澤尚存不知何代始變爲田也其地蓋即葉少蘊所云平望八尺震澤之間水瀰漫而極淺與太湖相接可堤而爲田者也在今吳江縣界五代梁開平三年吳越於吳縣之松陵鎮置吳江縣故蘇子瞻云若欲吳淞江不塞可盡徙於他處上源寬濶清水力盛沙泥自不能積何致有湮塞之患單鍔云松江漲塞是以三春霖雨則蘇湖常秀皆憂瀰漫雖增吳江一邑之賦顧三州逋欠者不貲圍田之貽害如此笠澤既盡爲田僅存松江一衣帶之水上源狹隘水不清駛故江尾之潮沙日積茭蘆叢而太湖之水入海遂緩矣好利者因其塞而堤土以爲田潮沙交蘆之地悉成隴畝元潘應武曰澱山湖

舟車續　五

中有山寺宋時在水心中歸附後權勢占據爲田今山寺在田中雖有港溇皆淺狹潮水湖水不相往来歸熙甫云傍江之民積占茭蘆指以告佃爲名所納升斗之税所占即百頃之田而税又多吏胥隱没昔宋時圍田皆有禁約今奸民豪右占田以遏水道吏經二三年無吳淞江矣此又下流壅塞以鄰爲壑五郡同菑者也蓋自江左偏安限於一方務盡地力以給軍興而不暇計久遠此與戰國時大河隄内之地利其填淤肥美耕種築室其中其弊正同而後之論壑田者謂人功之修浙西最盛不知揚州土塗泥故田下下而圍田之土則塗泥之尤者十年之中不能五稔而又累及於上流得不償失田之日增民之所以日困也烏足道哉宋時兩浙之田每畝税不過一斗上（見杜寶桓巡撫侍郎周忱書按熙寧二年郟亶上書曰國朝之法一夫之田爲四十畝出米四石此即杜説所自出）民猶易辨自景定公田之法行（賈似道主其議）浙西於是乎多官田下[illegible]音没

之田愈多皆按其租簿以輸額而浙西之稅糧[illegible]
文莊濬云韓愈謂賦出天下而江南居九以今觀之浙西又居
兩浙十九也即蘇州府計之以準其餘墾田九萬六千五百頃
居天下八百四十九萬六千餘頃田數之中而出二百八十萬
九千石稅糧於天下二千九百四十餘萬石之內其徵科之重
民力之竭可知也已蓋蘇州一府無慮皆官田而民田不過十
五分之一稅粮為五郡之冠夫奪民之產以為官田而重稅之
殊非為民父母然其所奪者皆豪家富人之田與小民無涉小
民佃官田亦與輸豪家富人之租不甚相遠而私田之賦自若
也迨其後版籍淆訛逋租無算國家有官田之名而無官田之
實有司考成坐此為累至嘉靖二十六年嘉興知府趙瀛創議
田不分官民稅不分等則一切以三斗起徵蘇松常三府從而
效之自官田之七斗六斗始官田有多至一石以上者宣德五年詔遞減三分二分故止於七斗

舟車續　六

下至民田之五升通為一則而州縣之額各視其所有官田之多少輕重為準多者長洲至畝科三斗七升少者太倉畝科二斗九升顧寧人曰國家失累代之公田而小民乃代官佃無涯之租賦事之不平莫甚於此嗟乎田猶是下下之田也而賦則不啻倍蓰於上上三江震澤之區昔之民溺於水今之民溺於賦有能惻然於東南民力之竭而為之曠然一變其法使水復底定之迹而賦不失則壤之規斯真所謂功不在禹下者矣

浮糧議

沈德潛確士浮糧變通議曰蘇松之困莫甚於浮糧其始也賈似道倡買官田之說而增其額其繼也明祖怒吳民之附強寇以守城而重其賦其後也楊憲改一畝為二畝趙瀛均官田於民田而民益受其累遷延至今日積月盛較宋時原額七倍有餘元時原額亦二倍有餘宋時蘇松稅額共五十餘萬元時共一百五十餘萬今共三百七十餘萬

而民困遂不忍言留心經國者不得思有以甦之矣顧一旦欲遽復宋元之舊其勢不能何也蘇松為天下財賦之區軍需廪祿匪頒之類仰藉日久為地官者恐度支不給則必執祖制之說出而爭之爭之而勝勢益牢固而不可復減就今日財賦言惟有變通之說矣易曰通其變使民不倦其在斯時乎而議者紛紜迄無定論愚輒先舉衆議之而後折衷之道庶可舉行議者曰天下之稅貴乎能均蘇松之田居天下八十五分之一而所出之賦任天下一十三分之二比之他省不均之甚今於他處稍增而蘇松可以全減此其說非也夫加賦普天共畏在此日可以稍增在異日即同為故例此端一開有加無已試思同為天家之赤子乃移此之禍置之於彼譬猶剜臂之肉補股之瘡舊痛稍已新痛又加且蘇松之減者後或緣他故而仍增而他處之增者定為規而不可復減其弊何可勝窮議者曰時下

蠲租之詔雖多取於下而實多斂於民夫多赦云者因逋欠不貲而後為此舉也財無所出因而征比征比不已因而逃亡逃亡不已因而賠累與其追迫既窮而赦免之何如追迫未加而善處之且蠲租所及者多包攬侵蝕奸胥豪右之徒於良民未必均蒙其惠可以暫行不可以經久議者曰前明之世有司寬於考成完及七分者即為上考今宜倣其遺意於州縣最重者別立懲勸之典不與小縣一例考成則官可久任而民得撫字之益不知部議從寛官既稍安民亦懈怠民之良者或緩徵而不誤其期民之黠者遂沿而欺罔其上徒有重賦之名終鮮輸將之實以云無弊未之前聞議者又曰蘇松版荒隨在多有今於田之可耕者招集窮民量給牛車兼予穀種使之耕作幾年以後履畝陞科新賦既增舊賦可減夫版荒非必不可耕之土也特恐既已陞科漸次增加賦從上上官私交迫力難任役舊

賦之累未去新賦之累日滋小民誰肯不顧身家冒然承佃此亦非救時之策也然則變通之術奈何曰計莫切於量減嘗考明宣宗時周文襄忱撫吴興知府况鍾奏減官田之税因田則之多寡酌量裁減蘇郡減至八十餘萬松郡減至三十餘萬户部責其變亂成法而宣宗不之罪也其時民困稍蘇國家殷盛今誠舉古人之善法仿而行之以紓民窮以培國本書之簡册傳之千秋萬世洵聖朝盛典也抑又有説焉嘉湖常鎮諸郡境雖二省與蘇松實接壤也而賦之多寡輕重難以較量豈四郡之田額皆狹而蘇松之田額獨寬四郡之年歲皆歉而蘇松之年歲獨豐四郡之民俗皆貧而蘇松之民俗獨富爲目前變通計或準嘉湖常鎮中賦之重者以定蘇松常鎮中賦之重者以定蘇松之則使他郡之民亦免追呼則民困漸除民力漸裕而亡身破家鬻賣男女之患不至復見於盛世所謂先舉衆議之非

而後可行折衷之道者也若夫念東南之重困悉舉而更張之使仍復寶祐以前舊額此聖天子之隆恩而非草茅所敢妄論者矣謹議鑄錢田論浮糧議二篇乃有用之文非危言無當之語也若今之當事者能起而行之東南民力之困可以紓矣其如闒茸者終日營營於刑名錢穀之中而不可緩之民事置若罔聞悲夫

賦役

國朝劉淇賦役論云明萬歷三十五年以前賦役之科凡四曰夏稅曰秋糧曰馬草曰徭役徭役者丁也夏稅秋糧者楊炎之兩稅法也馬草又額外改折者也唐租庸調即古者粟米力役布縷三征以明賦考之足知兩稅但兼租調而已力役猶自為一科也至萬歷中始行條鞭法三徵遂併為一但額外諸費名色盡編二賦一時便之沿之至今然條鞭既屬正供一遇度外

事不得不額外羨取條鞭未行不過取之額外而已至是則額外之中又額外焉此明季以來已著之弊也自條鞭行而催科分數之法立參出地未二寸而民已受笞於庭桁楊相望矣二月賣絲五月賣穀殆近此也善乎淄川高司寇珩之言曰明初定隅征現征現之法季世猶踵行之隅征者今年徵去歲之糧如夏稅秋糧馬草之類見征者如徭役驛站兵餉之類賦役全書猶可考也塲圃既登先後辦賦長吏從容而課繭絲直從枕席上考焉今夏稅秋糧緩征之期屢廑睿算且日討萬歷年間則例而講求之卒未嘗議及隅征見征之舊政爲可循也又按縣原額大糧外復有額外荒地諸項初不知其所自來及考舊志載嘉靖元年知縣耿鎰踏勘闔邑白地凡八千九百八十五頃七畝有奇萬歷九年知縣高泉光清丈除官隄古道實在白地八千六百三十七頃十畝有奇然後知額外增田職此之故邑

人黄中丞圖安田賦議云自萬歷九年清丈除官隄古道實在
自地八千六百三十七項有零則是正額大糧地外更無他地
昭然也至明末正額地多荒蕪因有荒田納租之額歷來知縣
每遇催粮戶頭報完之日即賞給荒田二三畝責令開墾三年
納租或勒令捏報開荒二三畝其間有地遠人情者率有納租
之名無受地之實愈積愈多由是戶戶皆有有租無地之民是
荒田名輕而實重也賞地名利而實害也夫荒田起名科不載
於萬歷九年清丈之時可知其時原無此項矣既曰白地雖種
之亦不能生殖蓋縣境鹽鹻飛沙之地從來未經開墾者所在
多有即或附近田人牽率耕治一二畝許率十年不得一二穫
不可以為常例而起科也當時賞給荒地多是正額原熟之地
既經豁免雖已開墾不入正賦但收其租入充巡按公費而已
巡按裁後改充巡撫公費既而巡撫急公奏歸大部定以額外

二字為其納租少輕與大糧有異不在舊額存留起解之內也夫正額八千六百餘頃地太平既久勢必盡數開報以足國賦而此荒田二百二十餘頃復著落何所乎且此項尤可憫者當大荒大兵之年各地俱准報荒惟此不准以為荒地無更報荒之例也不思熟田尚且逃亡豈荒田獨無榛蕪乎此項宜清為查覈其無地捏報者准行除豁外如有實在於白地中開墾者盡歸正額下田之中每畝納銀一分五釐斯窮民無包糧之苦而賦得其平矣又云各縣田地分上中下三四等大抵下地多於上地也堂邑雖分上下兩等而下僅一十三頃有零舊傳下地三千餘頃然則今所謂上地者其實有下地二分之一不止也其何以堪更可異者各縣每畝二分有零米六合有零獨堂邑每畝納銀三分有零米一升九勺有零其獨重之故殊不可曉豈堂邑之地獨腴乎又舊志有代編各州縣驛站銀一千六

百四十兩五錢康熙七年撥回本縣改爲地丁起解黄中丞云代編起於嘉靖末年因各州縣驛遞煩擾紛紛告病當事者遂通融損補設爲代編之法代編者代别州縣而加編明其非正額也此不過一時權宜計耳其後遂爲一定不易之規漸增漸煩遂至一千六百餘兩且從來協濟他縣止有撥補之例撥補者因他縣錢糧不足支用將此縣之有餘挪移他縣以補其缺是仍在正額之中也代編則除本縣起解存留舊數外而代爲他縣加派矣夫加派於各州縣驛站不足之本處猶且不忍而况於無辜之鄰耶此大不可解者也按中丞諸議可謂桑梓至計然代編既已歸併丁地則豁除則益難矣又堂邑正賦獨浮於他縣者代編當亦在其中然不過三之一耳舊志載萬曆三十六年初行條鞭時每畝猶用二分弍釐有零起科此與他縣無異厥後增加之故遂莫詳其始詎當是天崇以後百費俱興故日

倍一日且又喪亂動勸失於記載耳邑人蘇沆云前張侯茂節每及此項輒義形於色嘗已定議爲一邑請命而吾邑人因循惰窳不能仰承賢父母至意除永久病累愧負慨然然則張侯其畫雖不行亦賢矣哉諸所議說備載於篇雖罕罕言哉庶幾賢於杞宋之無徵也後之人遭得爲之權與時而爲之固非漫然無所依據即否者亦將發其觀感焉淇字武仲一字龍四號南泉濟甯人著有衛國集

宣德銅爐

宣德時内佛殿火金銀銅像渾而成液或云寶藏焚金銀珠寶與銅凝而爲一乃命鑄爐詢工幾煉始精對以六火命煉十二次火爲條用赤火鎔條于鋼鐵篩格上取其極清先滴下者爲鑪存格上者製他器不規倣三代彝器以宋瓷爐爲式

宣爐以百摺彝足花邊魚鰍蜓蚰諸耳薰冠象鼻石榴足橘囊

香奩花素方圓鼎爲最索耳分襠判官耳角端象鬲雞腳扁番
環六稜四方直腳漏空桶竹節法盞等樣爲下
倣宋燒斑初年沿永樂爐製中年謂其掩爐本質用番腦滷浸
擦薰洗易爲茶蠟末年愈顯本色看色更淡後人評宣爐五等
色栗殼茄皮棠梨褐色而藏金紙色爲第一金淥鎏腹下爲湧祥
雲金鎏口下爲覆祥雲雞皮色覆手色火氣入而成也
北鑄嘉靖後之學道又有施鑄不及學道也南鑄蔡家勝甘家
蔡之魚耳可方學道甘家至今尚存在蘇州閶門外義慈巷
宣爐本色之厄有二嘉隆前尚燒斑有取本色真者重燒有過
求本色之露如末年淡色取本色真爐磨治一新甚有一再
磨者景泰成化之獅頭彝爐等後人作僞易鑿宣款以重其價
宣爐又有呈樣無款真妙者後人得之以無款恐俗眼生疑取
有款損壞者鑿嵌畢竟痕迹難泯皆爐之厄也此如臯冒辟疆

之說附錄于此

宜興茶壺

宜興壺始於金沙僧逸有供春者逸其姓乃吳學憲頤山之青衣頤山讀書金沙寺竊仿老僧所為亦淘細土摶胚指掠内外指之螺紋隱起可按胎必累按故腹半尚見節腠栗色闇然如古金鐵

董翰號後溪始造菱花式趙梁造提梁式袁錫時朋為四名家萬歷間人董巧而三家尚古茂

李茂林行四名養心製小圓式自茂林後另作瓦缶囊閉入陶穴故前此名壺不免沾缸罈油淚茂林之壺則無此病也

時大彬號少山或淘土或雜硇沙土初仿供春作大壺後游婁東聞陳眉公與琅琊太原諸公品茶之論乃作小壺置几案間令人生閑遠之思

李仲芳行大茂林子爲大彬門人製度漸趨文巧其父督以敦古仲芳嘗手出一壺與其父曰老兄這个何如時人呼爲老兄壺今世傳大彬壺亦有仲芳之作大彬見賞而自署欵識者語曰李大瓶時大名

徐友泉名士衡非陶人也其父好大彬壺延至家塾一日強大彬作泥牛爲戲不即從之乃奪其壺土出門見樹下眠牛將起尚屈一足注視捏塑曲盡厥狀攜視大彬一見驚曰如子智能異日必出吾上因學爲壺乃仿古尊罍有漢方扁觶小雲雷提梁卣蕉葉蓮方菱花鵝蛋分襠索耳美人垂蓮大頂蓮一回角六子等式諸泥色有海棠紅硃砂紫定窑白冷金黄淡墨沈香水碧榴皮葵黄閃色梨皮等目晚年數曰我之精終不及時之粗

歐正春多規花卉果物部文金邵文銀蔣伯荂名時英四人皆

大彬弟子時英後客于陳眉公家因附名流諱言本業

陳信卿仿時李諸器堅瘦工整自負不凡貌寢意率自誇善飲徵逐貴游間不務本業遣弟子代造自修署欵而已

閔魯生名賢製仿諸家虛心企擬不憚改為

陳光甫仿供春時大彬具體而微旱眚一目所製之壺口底不能工緻

陳仲美婺源人初造甆器于景德鎮以業之者多不足成名棄之至宜興好配壺土意造諸式如香盒花盃狻猊爐辟邪鎮紙重鎪疊鏤細似鬼工又壺象花果綴以草蟲或龍戲海濤伸爪出目又造大士像莊嚴慈悲神彩如生瓔珞花鬘不可思議因心思殫竭以夭天年

沈君用名士良踵仲美之智妍巧悉敵製器不尚方圓而笋縫不苟絲髮配土之妙色象天錯自幼知名人呼之曰沈多梳宜興

垂髫之稱以甲申四月死
邵蓋周後谿邵二孫陳俊時大彬之弟子也
周季山陳和之陳挺生承雲從沈君盛崇禎國初時人
陳辰字共之工鐫壺款時人多倩共之捉刀相傳大彬初亦倩
人落墨以竹刀畫之或以印記後竟運刀成字在黃庭樂毅之
間人不能仿李仲芳亦合書法若李茂林但鐫圖記而已
壺土初出時有異僧經行村落日唱曰賣富貴群嗤之僧曰貴
不要買買富如何引村叟指山中產土之穴而去及發之果備
五色爛如天錦
嫩泥出趙莊山以和一切色上性黏可築
石黃泥亦出趙莊山未觸風日之石骨也陶之變硃砂色
天青泥出蠡墅陶之變黯色又有梨花泥陶之見凍梨色
淡紅泥陶見松花色淺黃泥陶見豆綠色蜜糖泥陶見輕赭色梨

皮泥如白沙淘見淡墨色老泥出閻山淘之則有白沙星星排若珠琲以天青石黃和之成淺深古色白泥出大朝山淘缾盎缸缶用之出土諸山其穴善徙有素產于此忽有遷于他處者然皆深入數十丈乃得造壺之家各穴門外一方地取色土篩擣訖弇窖其中名曰養土壺成藏於暗處候極燥乃以淘甕度五六器封閉無隙其色乃鮮無火裂射油之患過火則老欠火則稚以上諸則皆江陰周高起伯起之説也詳錄於此以備遺忘

舟車聞見續錄三集

甘泉江藩著

經筵

經筵進講御製經論二首，翰林院恭進文二首，漢文二首，國書國書左行。滿講官以左手揭文，德侍郎定圖爲講官，誤以右手。講畢後，純廟大加訶斥，降爲侍御。逾年經筵講畢後，改唐崔護詩曰：去年今日此筵中，帽頂書篇相映紅。帽頂不知何處去，書篇依舊笑東風。書賜德，保並命和韻。經筵用硃書，故有相映紅之句。和詩云：經年負疚寸心中，袍袖難遮滿面紅。今日聖恩寬似海，驚心還怕打頭風。即下旨復舊職。

王度心

康熙癸丑，王鴻緒本名度心，中式第四名，榜眼及第。鴻緒，廣心之子。引見時，因名犯父諱，賜改今名。廣心有詩去：三宣姓氏五雲知，忽訝陳情唱後移。不爲郊祁當易序，却憐羲獻總名之。鯉庭始命覲恩重雁塔重題聖德慈尚有先型劉向在藜光青許杖頭吹以子為弟大千倫紀聖度如天不加以罪當感恩悔過有何可憐而作詩以實之其罪又加一等時文家馬牛而襟裾大率類此

靳文襄

靳文襄輔在康熙時為河帥挑濬運河頗著勞績又恪遵聖祖指示機宜開運中河以避百八十里大河湍急之險然槍工濫用冒銷國帑曾為郭琇所劾見華野疏稿

張同敞

同敞號別山江陵居正之孫也瞿稼軒為廣西巡撫庚寅十一月初五日大清兵入嚴關諸鎮兵皆潰同敞以總督監胡一清軍於靈川已南走矣至中道問瞿公安在曰尚在城中曰安可使留守獨殉社稷遂回至式耜署曰事急矣公將奈何式耜曰

封疆之臣有死而已遂留同敞共飲家人泣請出危城號召諸鎮再圖恢復不聽明日被執見定南王孔有德以死自誓不復一言同敞大罵左右以白棓擊之折左臂扶出與式耜幽于一室軍士壯其忠義遺以酒食同敞慷慨縱飲為詩歌題壁稼軒聞亦和之閏十一月十七日遇害稼軒絕命詩曰從容待死與城亡千古忠臣自主張三百年來恩澤久頭絲猶戴滿天香二公既死前給事金堡已為僧矣上書定南王請收葬許之吳江人楊藝為具衣冠殮瘞之北門外事聞贈式耜粵國公謚文忠贈同敞江陵伯謚文烈稼軒乃錢謙益之門人死節後常熟縣城隍廟道士夢稼軒至廟中騎從甚都謂道士曰上帝憐我忠貞命我為本邑之主矣謙益聞之作迎神送神之曲同時吳下沈君有聞瞿稼軒死節詩其警句云綿竹戰餘猶有血崖山覆後并無船結句云他日師生逢地下可能相對各欣然稼軒錢

謙益之弟子也沈君忘其名白堤錢文景開有沈君全集謂予曰歸愚尚書之父也

李元胤

李元胤榆林人本姓賈李成棟養子也因冒其姓成棟少時從高傑為盜及傑投誠封興平伯成棟封鎮徐將將軍印守徐州傑為定國所殺成棟以徐州降會故趙王由棪與黃蜚起兵太湖成棟擒蜚趙王跳走以功授松江總兵從定八閩至漳州與巡撫佟養甲入惠潮時蘇觀生擁立唐王聿鐭于廣州與肇興兵戰于三水不克還保會城成棟兵至城中人猶以為援兵遂呼之免冑示以辮乃大驚成棟遂奪門而入執聿鐭與周益遼諸王殺之觀生自縊死時丙戌十二月朔日也丁亥正月成棟分兵取南韶親攻肇慶克之遣裨將楊大南張月取高雷廉三府閻可義取瓊州自率兵向廣西二十九日下梧州二月遣杜

永和襲丁魁楚于岑溪盡虜其資進攻平樂前驅及桂林會粤東亂會城被圍佟養甲遣人告急成棟往反攻擊自春徂秋始獲定而西省之平梧以及高雷廉俱復失屢被責問明年戊子春江西金聲桓反密約成棟時佟養甲已授兩廣總督成棟雖晉秩然例節制自恃功高恥為之下王德仁圍贛州急養甲趣成棟赴援與署布政袁彭年等密議於廣州城三層樓上曰今出數十步皆賊豈能遠行計惟急改名號以安人心耳養甲愕然成棟遂叛遣使赴南甯封成棟惠國公晉養甲尚書封襄平伯養甲懼及禍以所部授成棟六月使其將羅成耀以黃金千兩白金十萬及綵紵具舟楫迎永明王於南甯至肇慶拜成棟翊明大將軍以其子元胤為錦衣都指揮掌絲綸房事從永明入武岡因內閣缺員得與票擬在南甯時陳邦傅頓兵潯江為重鎮因以其子曾禹為錦衣而邦傅以欽廉功封思恩侯至是

成棟封公邦傳意不滿乃晉封慶國公並封其中軍胡執公為武康伯成棟聞之亦為其下杜永和閻可義郝尚久羅成耀黃應杰楊大福張道瀛七人請封皆得伯爵而元胤亦得錦衣侍衛矣元胤喜與士大夫交袁彭年劉湘客丁時魁金堡蒙正發皆與之善時人謂之五虎袁虎頭劉虎皮丁虎爪金虎牙蒙虎矣也十月成棟攻贛州不克時大清兵已至南昌金聲桓召王德仁還救贛州守禦已固成棟至大清總兵高進庫擊敗之退避南康十一月獲佟養甲鬪殺之己丑正月南昌破聲桓德仁俱死二月成棟兵敗於信豐自斷後披甲渡河死贈寧夏王謚武烈五月以杜永和為總督守廣州閻可義守南韶未幾死以羅成耀代之加元胤車騎將軍封南陽伯領兵宿衛六月楊大福作亂于梧州元胤召至縊死之庚寅正月朔大清平南王尚可喜靖南王耿精忠至南雄羅成耀自韶州遺歸十四日韶州

破永明王走梧州留元胤與馬吉翔等守肇慶羅成耀走高州為亂元胤復以計殺之人情恃以少安初成棟父子寵幸時陳邦傅居西慶為金堡等排擠積怨刺骨會其下徐彪亦叛之忠貞營李赤心等又自湖南潰入粵散處賓橫之間邦傅不能制威望日損東事急召之赴援非其意也顧欲藉以洩前忿耳抵三水觀望不敢進大兵薄會城杜永和與元胤弟李建捷力戰禦之永和等進為侯建捷封安肅伯廣州城三面臨水成棟復在廣州時築兩翼倚于江外又起二砲臺環水繞之地險守固攻圍十數月不能破偏將范承恩謀內應決砲台之水大兵藉薪而渡遂得砲臺反以內攻十二月初二日城破屠之承恩降永和等由海道奔瓊州元胤弟建捷奪圍至肇慶陳邦傅等兵俱潰於三水隨聞桂林亦破梧州君臣夜走邦傅遣兵邀劫各官于藤江明年元胤在肇慶其下有謀為變者不得已與弟建

捷俱奔南甯伏地痛哭哀動左右會孫可望遣賀九義等將兵至殺内閣嚴起恒等元胤憤甚請出靈山收高雷之兵迎主入海至欽州之防城爲土兵王勝堂所執送靖南王不屈左右挺之元胤笑曰鼎鑊不懼何有手梃又令代作書招永和元胤笑曰杜將軍繕兵窮海差有丈夫氣乃招之耶靖南王義之使其故人往說之曰將軍未受國恩何以誓死天回大慟曰某昔日不過帥府一親人耳今爵通侯司禁旅狼狽被擒計惟一死報國吾父侯於地下久矣故人曰惠國公果將軍父耶元胤曰岐陽黔甯俱似養子自奮子毋多言遂與弟建及前鋒李國朝俱斬於市投尸海中明年瓊州破杜永和等降

王祥

王祥四川綦江人崇禎末爲九圍子隘官素驍勇悍張獻忠陷四川惟遵義一府未附大學王應熊回自京師縞素誓師即遵

義置幕府滇人馬乾行巡撫事與監司劉鱗長王芝瑞等傳檄
討賊邑紳刁化神以鬼道募兵甚衆應熊使涪將曾英襲取之
英閩人與部下涇陽李占春于大海等俱以材武稱遂收復重
慶屢破張獻忠兵祥亦出綦江為犄角之勢祥威望不及英而
為幕府委任丙戌十一月十五日大清兵至西充獻忠伏誅孫
可望南奔過重慶擊英殺之抵綦江明年正月由遵義入黔祥
走入永寧山大清兵下蜀巡撫馬乾避難內江應熊死於畢節
衛祥乃招集應熊潰兵與賊之散亡者衆至數萬進攻遵義復
之曾英既死李占春于大海收殘卒屯於涪降賊袁滔為大清
兵擊敗由順慶南下占春等避之走夔州將赴荊州投誠會明
宗室朱容藩自肇慶奉令入蜀取道施州衛溯湘江西上遇占
春占春勸回肇慶靜以待動時大清兵陸行新鎮盧光祖以舟
師泊湖灘其下皆曾英舊兵不意占春等猝至戰敗北還順慶

占春乘勝至涪結營平西壩三面阻水號萬將營大海屯忠州花陵河總督李乾德亦以袁韜武大定兵入佛圖關據重慶而據有遵義各邑并重慶之綦江內川遵義播州地饒沃而深阻蜀中紳士避亂者多歸之戶口充實諸鎮中最為富強御史錢邦芑請封祥為平寇伯平寇本曾英封號祥復得之時以為榮大海等不服適袁韜與占春爭長相攻祥惡占春之強思與韜合一日誘占春計事伏兵執之占春殺守者逃歸以是諸鎮不和日尋干戈公鬪怯而私鬪勇時相傳永明王已被執朱容藩在夔州自稱楚世子監國招討元帥諸將皆賀李乾德惡之未幾故相呂大器自黔抵遵義王祥具櫜鞬郊迎事之甚謹容藩大器至亦使人以千金來迎大器北行先過占春營具言永明王無恙朱容藩乘機僭竊得罪不宜輕受其爵占春以為然遂不事容藩李乾德亦傳檄聲容藩罪容藩益窘乃北走攻石砫

土司占春敉之容藩兵敗走忠州爲追兵所殺乾德韜武等西赴犍爲與楊展合兵呂大器遍歷諸鎮太息謂乾德曰楊展志大而疏袁武忍而好殺祥亦庸懦蜀事其可爲乎遂回黔至獨山州疽發於背而死祥又與黔鎮皮熊構隙皮熊本羅聯芳巡撫范鑛薦爲總兵孫可望由遵義趨黔破熊兵于烏江熊走平溪可望入滇熊自平越收兵復黔破土賊藍二等以功封定番伯遵義饑王祥赴黔告糴熊以爲瞯己虛實不與乃截奪其資祥怒起兵攻黔兵敗而還熊陳祥越境相侵之罪約諸鎮會討諸鎮各率兵攻之祥大小十餘戰不克而去惟黔兵乘勝深入相持月餘黔兵乏粮熊子文英不能撫循氣衰戰敗引兵去祥悉銳乘之黔兵大潰爭渡溺死烏江者三萬餘人祥亦上疏自理永明復使和解盟於烏江罷兵修好於是思南銅仁各郡邑咸屬於祥矣縉紳程源婁應奇韋延泰等先後赴肇慶皆言祥

雄武可大用乃封祥忠國公熊亦封匡國公蓋藉二人兵力以禦滇寇也己丑冬孫可望由滇至黔皮熊不能禦走清浪可望使白文選追執之釋不殺復使與祥盟不聽可望怒使文選將二千人赴永寧守將侯天錫迎文選詐以危言報祥曰滇兵二十萬已渡烏江會兵夾攻矣祥懼召諸將與謀有李定者最勇對曰二三年來日操同室之戈雖勝亦恥今發兵拒可望勝則據有西南不幸而敗亦不失為忠義之鬼祥猶豫不決私計自真安州入隆武彭水之間據險守隘引李為脣齒乃裝其珠玉金寶使牙將負之先行於是衆心瓦解多送欵可望可望即發兵掩擊之祥倉卒夜走牙將劫其貲去比曉妻子亦不知所之矣從之者百餘騎追兵至馬蹶不能行祥率死士數十人短兵相接殺百餘人創重自刎死明年孫可望將盧名臣下涪州李占春戰敗于野豬寺口與于大海順流下楚降皮熊居黔其壻

張默為水西宣慰安坤帥康熙元年有平金印者自稱開平王後至水西與坤謀叛大清兵滅之執熊翁壻熊年已八十餘矣絕食四十日死

絳雲樓

錢謙益藏書之所名絳雲樓順治七年十月不戒於火宋槧元刻及秘笈精抄俱為灰燼謙益云漢晉以後書有三大厄梁元帝江陵之火一也闖賊入北京焚燒文淵閣二也絳雲樓火三也

三瘦

毛馳黃詞不信我真如影瘦又云鶴背山腰同一瘦又云書來墨淡知伊瘦時人稱為毛三瘦

馬士英

馬士英工畫貴後倩施雨成捉刀後人惡其奸多改為妓女馮

玉瑛

王氏園

京師豐宜門外芍藥最盛種花人剪花入城售與人家簪於瓶盎貴游子弟看花者一二日前給錢花户不剪謂之留花天津鹽商王氏有園在花田中地名鵝鴨所芍藥最盛

北征圖

康熙三十四年聖祖親征漠北宋荔洲閣學時以編修充日講官奉命督中路糧運異數也王石谷輩為作北征圖

絶命詩

左懋第字蘿石萊陽人進士為刑部主事奉詔督兵湖襄弘光元年入見陳中興大計除僉都御史視師江上馬士英議與本朝通好懋第以母死天津因請此役至日下拘禁太醫院明年閏六月江南平勸之降不降斬於柴市絶命詩曰峽坼巢封歸

路迴片雲南下竟如何寸丹冷魄銷難盡蕩作寒煙總不磨

滿州榜

順治九年壬辰策試滿洲進士第一名麻勒吉正黃旗人二名折庫鑲藍旗人三名巴海鑲藍旗人十二年乙未第一名圖爾宸正白旗人二名賈勤正紅旗人三名宻泰正白旗人嗣後合為一榜不分滿漢矣

回國聖人辭世年月攷

回國聖人辭世年月據西域齋期單以康熙庚午五月初三日起是彼中第九月一日謂之勒墨藏一名阿咱而月也至六月初三日開齋是彼中第十月一日謂之紹哇勒一名答亦月是為大節再過一百日至九月十三日為彼中第一月第十日謂之穆哈蘭一名法而斡而丁月其日為阿叔喇濟貧之期謂之小節鼎嘗以回回歷法推算本年白羊一日入第六月之第八

日與此正合
又據齋期云本年庚午聖人辭世共計一千零九十六年（此太陽年）
攷本單聖人生死二忌在本年十一月十四日在彼為第三月
謂之勒必歐勒傚勿勒又名虎而達
查西域阿剌必年是開皇己未距今康熙為一千零九十二算
減一為一千零九十一乃開皇己未春分至今康熙庚午春分
之積年
又查己未年春分在彼中為太陰年之第十二月初五日
以距算一千零九十一減聖人辭世千零九十六相差五年逆
推之得開皇十四年甲寅為聖人辭世之年
約計甲寅至己未此五年中節氣與月分差閏五十五日則甲
寅春分當在彼中第十月分差閏之初
聖人辭世既是第三月則在春分月前七箇月為處暑月即今

七月也

自開皇甲寅七月十四日聖人辭世至今康熙庚午七月十四日正得一千零九十六年故曰共計一千零九十六年也此乃梅定九年先生之說也今天方人皆不知之彼教中所奉老師父者亦不知矣

暹羅

暹羅古分二國今併為一又名暹邏羅斛在占城西南東連大泥西接蘭場北界大海周千有餘里俗崇佛教王服繪文彩佛像肉貼飛金用金為器皿貴官以銅為之王陸乘象亭象輦舟駕龍鳳官屬曰招誇尊敬中國用中國人為官其俗裸體跣足不衣褌而圍水幔幔讀若蠻地有長溪從海口至國城長二千四百里水深濶可容洋船又有黃河其支流通長溪流夾岸皆大樹茂林林猿猴雀鳥上下呼鳴村落繡錯田畝連阡農時合家

掉舟播種事畢即反無俟芸鋤禾熟泛舟載穫而歸禾藁長二丈許為入貢土物蓋黄河之水宜稻苗隨水長水尺苗尺水丈苗丈無滞傷之患水退而稻熟矣田疇籍以肥饒一石之米其值三星然水大廬舍亦有蕩析之時所以人多樓居也國有魔祟專禮番僧僧以梵咒解之山多虎水多鱷被虎噉鱷吞者告之番僧僧咒畢而虎自至既擒綿紗於水而鱷自縛有受蠱者亦咒而愈又有共人共者咒之名刀刄不能傷王養以為兵衛番俗多火葬亦有恬悶飼鳥魚者恬悶即捨身也土産銀錫鉛布速香象牙烏木蘇木冰片降香翠毛牛角鹿筋佳文席藤黄大楓子豆蔻燕窩海參海帶以銀豆為幣大者重四錢中者一錢次者五分小者二分五厘其名曰潑皆王所鑄上有番字法不得剪碎零用市物有數不足者以海螺巴足之海螺明史謂之海𧵍其國有大庫司九府十四縣七十二官制九等四等以

上戴銳項金帽嵌以珠寶五等以下則以絨緞為之其應選舉者皆引至王前洛以民事應對得當即授官服侯用文字橫書有事則具書其事朗誦於王前以俟進止順治十年遣使進貢康熙四年來貢方物十二年國王森列拍臘照古龍拍馬呼陸坤司由提呀菩埃遣使進貢并請封典旨給與誥命駝紐鍍金銀印嗣後朝貢不絕雍正七年入貢御書天南樂國匾額賜之乾隆三十年定例三年一貢三十一年其國為花肚番所滅花肚番即緬甸四十六年該國鄭昭立為國長遣使入貢四十七年鄭昭卒子華嗣立

宋腒勝

南洋諸夷暹羅為大如斜仔六坤宋腳宋腒勝皆屬國也屬國之中又以宋腒勝為大其人以耕漁為業性情褊急男子薙髮去鬚首插雉尾腰束足帛短衣窄袴無履襪常佩刀劍女椎髻

跣足短衣長裙披帛于肩頗知紡績

俳諧老子曰相傳暹羅有尸羅蠻目無瞳子男女自相匹偶國人有娶其女為妻者亦生男夜眠則變為貍狗向溷廁食糞將明魂歸若覆其身則魂不能附體人染痢若洗滌不淨夜為尸羅蠻舐食化作小物入穀道食其腸胃亦奇事也又有共人之類以咒術迷人近年隨貢使至廣州往往迷拐小兒而去當事者不可不察也

安南

安南漢為郡縣武帝所開六朝以後淪於南服具載史書無煩覼述至明崇禎末使人入貢值國變留滯閩中大兵平閩執送京師順治四年給敕書遣還本國令繳故明誥印吳三桂謀逆阻貢使不得行且多方誘脅國主黎維正不從具以表聞順治十六年經略大學士洪承疇奏安南國遣目吏玉川伯鄧福綏

朝陽伯阮光華賫敕赴信郡王軍前納款康熙五年黎維禧繳送桂王由榔勅命一道金印一方聖祖嘉其恭順封維禧為安南國王二十二年賜忠孝守邦扁三十六年安南奏牛羊蝴蝶普園地為鄰境土司所侵請旨清還有旨詢雲南巡撫奏稱其地屬開化並非安南故土不准給與雍正二年賜黎維祹日南世祚扁三年雲南總督高其倬奏志書載開化府文山縣南二百四十里至賭咒河為安南界今自文山至白馬汛祇百二十里至鉛廠下小江亦百二十里此外兩處尚有八十里雖失在前明但封疆所係應勘立界奉旨安南累世恭順寧與爭尺寸之地況明季久失之區其地果有利耶則天朝豈宜與小邦爭利如無利耶又何必與爭安彼民正以安我民耳黎維祹兩疏陳辯諭以失從前恭順之義無從施懷遠之仁維祹惶恐謝罪乃遣使勅諭王自悔執迷詞意虔恭既知盡禮即可加恩況此

四十里在雲南為朕內地在安南仍為外藩無所區別著將此
地仍賜該國王世守之傳至黎維祁於乾隆戊申年有阮惠之
變惠即光平也惠攻破黎城鎮目阮輝等奉王母妃世子各眷
屬逃至龍州水口關東北隘欵關求援據稱西山土酋阮岳阮
惠兩次兵犯黎京國王嗣孫黎維祁出奔惠欲刼王眷屬為質
以阻義兵輝等保護眷口二百餘人乘舟遠遁至博淰追兵日
急未幾阮兵大至舍命涉水而來奉王母之命情願待罪天朝
不受阮賊辱沒等語兩廣總督孫士毅廣西巡撫孫永清入奏
傳諭該督撫妥為安頓優加撫卹先是國王黎維耑老疾惛眊
國事委其大臣鄭棟棟專恣不法攘據世封國印有簒奪之志
阮岳兄弟以清君側為名攻破國城鄭棟走死亡失國印維耑
兵弱不能一戰割又安地以求和又以親女歸之及維耑薨長
子早死立嗣孫維祁岳外示恩誠內懷反側退兵去後留其黨

貢整駐紮黎城維祁窺其誠令率衆討賊岳儁將阮任擁岳復至整戰死維祁竄入山南眷屬逃奔內地隨來之夸官願留三人侍奉王之母妃世子遣黎侗等分路回國報知維祁髙廟允其請諭孫士毅令黎侗阮廷枚分路出關尋見嗣孫後若能恢復於迎眷屬時即遣此次通信陪臣給以符驗庶不爲土酋誑害阮廷枚由雲南出口回至中國云維祁潛匿春蘭社往見時將優恤伊母恩旨令其閱看並告以天兵不日進討爲其復國維祁致書孫士毅云固推予奪惟上所命士毅先得上興滅繼絕不利其土地之旨乃抵其東尾云未喻大皇帝四海一家休戚相關之意天朝內地十七省新疆二萬里安南蕞爾一隅得之不啻如太倉一粟安肯如前明見小收爲郡縣耶維祁得書感激無地孫士毅遵旨發檄文數十道分處張掛諭以大義上令福康安爲兩廣總督相機籌剿奏稱阮惠屢次進表投誠且

稱戕害提鎮之人俱皆誅戮伊當親詣闕廷待命惟因立國之
初實有未遑先遣親姪阮光顯來京謝罪伊於明年八旬萬壽
入覲慶祝因以乞封福康安又奏其畏懾恭謹之狀實出至誠
等語上即封阮惠為安南國王庚戌年光平來京祝釐請天朝
服飾上嘉其誠悃賜紅寶石頂三眼花翎黃馬卦賜金黃色蟒
袍四團龍卦光平反國逾年死賜謚忠純子光纘嗣光平本西
山巨盜簒位後鑄乾隆通寶錢幕書安南二字自比一郡外示
恭順而心懷叵測遣其臣下入海劫掠商船浙閩洋中謂之艇
匪又欲兼并鄰國與陸賴日尋干戈父子皆貪黷無厭不惜民
力卒為陸賴所滅陸賴得國後遣使入貢乞封自稱越裳氏之
裔請復舊名睿皇帝不允所請封為越南國王初維祁竄入內
地高廟賞給四品佐領與從亡諸人安置京師其後又有不臣
阮氏之人陸續入關者編管各省及陸賴立國表請維祁及亡

人反國上盡遣之乾隆六十年予應江甯布政司試見閉阮恭恭本阮姓恥與光平同族乃加閉字為覆姓其人耿介以卜為業不妄受人惠談及國變涕泗交流可稱傑士矣嗟乎孰謂外夷無人哉

俳諧老子曰安南亦南洋一大國也陸路與兩粵雲南接壤海道通廉州府閒考安南大洋至廉州山繞西北環而南直至占城形似半月名曰廣南灣後以淳化新州廣義占城為廣南康熙時舅甥分國其舅阮姓中國人據淳化以馬龍角砲臺為界稱廣南土不數年而國亡光平豈其苗裔耶

澳夷

廣東澳門一名濠鏡見明史地理志其地屬香山縣縣南有四山離立海水縱橫貫其中如十字故又名十字門或云澳有南臺北臺相對如門自縣南百二十里至前山又二十里即濠鏡

澳也夷人蹴居於此唐宋時南洋諸番貢市置市舶提舉司領之暹羅占城琉球爪哇浡泥五國貢道皆由東莞互市於廣州正德時移於電白至末年佛郎機冒名呂宋混入海口突至會城不報抽分嘉靖三十二年有蕃舶託言舟觸風濤請借濠鏡暴水漬貨物海道副使汪柏得賄許之始至僅有茇舍而已內地奸商代運榱桷瓴甓乃建大廈焉而佛郎機遂得混入嗣後高屋飛簷櫛比相望矣久之遂為所據每歲僅納租稅五百金而已萬歷二年建閘蓮花莖設官守之於是蕃夷之來日衆官吏莫敢詰又潛匿倭夷肆行刦欲天啟時利瑪竇來自大西洋居澳門二十年其徒來者日衆至國初佛郎機為西洋人驅逐出境遂為大小西洋盤踞其國上世有歷山王又號古總王今有二王曰教化曰治世教化奉天主耶蘇教澳寺蕃僧教化類也夷人貿易者治世類也大西洋去中土遠三年始至小西洋

去中國萬有餘里大西洋遣酋守之澳中頭目皆奉小西洋之命歲輪一舶往小西洋有事小西洋爲之轉達其人白皙高鼻深目雙瞳碧色不畜鬚髮别爲黑白髮蒙首及頸乃法王所賜得者以爲榮

端研記

甘泉江藩著

研品中端石人皆貴重之載於譜記凡數家取予各異或其有眼為端或以無眼為貴然石之青脈者必有眼嫩則多眼堅則少眼石嫩則細潤而發墨所以貴有眼不特為石之驗也眼之品類不一曰鸜哥眼曰鸜鵒眼曰了哥眼曰雀眼曰雞翁眼曰猫眼曰菉豆眼各以形似名之翠綠為上黃赤為下諺謂火黯為佳然亦石之病乾道癸巳高廟嘗書翰墨數說以賜曹勛其一云端璞出下巖色紫如猪肝密理堅緻潴水發墨呵之即澤研試則如磨玉而無聲此上品也中下品則皆砂壤相雜不惟肌理既粗復燥而色亦皆不可用製作既俗又滑不留墨且石之有眼余亦不取大抵瑕翳於石有嫌況病眼假眼韻度尤不足觀故所藏皆一段紫玉略無點綴以上皆聖語眼少而色正者方為佳物宋張世南游宦紀聞

肇慶府東三十三里有山曰斧柯在江之南靈羊峽之對山也自江湄登山行三四里即為硯岩先至者曰下巖巖之下有泉出焉雖大旱未嘗涸下巖之上曰中巖中巖之上曰上巖轉山之背曰龍岩岩乃唐取研之所後下巖得石勝龍岩不復取山下稍東至半邊山巖沿溪而上曰蚌坑龍巖大抵石以下岩為上中龍岩半邊山諸岩次之上巖又次之蚌坑最下巖有兩口其中通為一穴大者取硯所自入也水中者泉中水所自出也故號水口陳公密所開也欲得下岩北壁石者往往於泉水石脣中得之若南壁石尚或可採然自崇觀以後亦罕得矣北壁石泉生其中非石生泉中則潤可知矣岩之上雖秋冬乾旱亦未嘗涸有泉珠散落如飛雨石眼正圓有青綠碧紫白黑暈十數重中復有眸子南壁石乃泉水半浸者稍不及北壁上巖有三穴上曰土地巖以土地居其上名焉中穴曰梅樹岩下穴今

石谷中岩者是也宋失名端溪研譜端州羚羊峽距郡東三十里東三江之水其山產石類𤦉玏唐宋以來採作研材蘇文忠稱爲寶石蓋東西粵扶輿之脉所蘊閟也石鑛凡十一北岸坑曰阿婆曰白婆墳其石質黯黝不鮮佳者亦有火捺紋蕉葉白可亂水巖朝天岩青花中黃星密洒如麈眼大如螺若人張目湛湛無神真賞家以此辯定碧點長斜似眼無瞳每石一片可得十二三點十數點梅花坑在峽外三水境中峽將盡岸南山坳有洞書宋治平四年差太監魏某重開土人名曰岩仔坑其石叩之聲泠泠久磨能滑旁有塚相傳開鑿中虛崩閉數百人太監死焉守土者葬其冠服於此坑下度小山曰新坑其石細潤微青蕉葉白亦微青上越水澗隔裏土人名山坑爲隔裏曰朝天岩其石堅實滑膩火捺紋成結不運若蠟炬著壁斜獃蕉葉白色晦氣黃純潔無痕者亦可貴古塔岩其

石比朝天岩無火捺紋蕉葉白古塔岩後爲屏風背其石譬猪肝曝于風日宣德岩在屏風背下去水岩二里許其石髣髴水岩今不可得嚴仔坑東有洞廣如屋曰樓安洞舊時開坑石工所棲之所又東有小山圓阜下爲水坑上數十武有萬歷二十八年差督理珠池市舶内官監李鳳開坑封坑月日立石洞臨江口小於圭竇石工裸身盤盛豨膏然火腰鎚螺旋而進入洞西轉有闢不測先投以石聞水聲急轉不則墮墜深淵矣正洞容工一二十人由正洞入西洞漸寬東洞舊納四人二人運鑿二人仰卧膝前置磁盤燈於胸以燭之不能坐立捧令容七鎚且十四人矣取石一人東鎚一人捧燈三洞正洞石上上東洞次之西洞又次之土人皆名曰老坑石三層上層近山沙透漏如蟲蝕曰蟲蛀其質微遜中層常有翡翠雜拉中層火捺紋蕉葉白其絶品東瓜瓤青花及眼生蕉葉白下石工所名下層石也又下麻鵲斑紋

成魚凍或如唾涎亦有眼眼中瞳含沙多脱去此中時有蔚藍
者秀色可餐不一見下此為底坂石云中層下層火㩢紋如朝
霞蔚起散馬尾若刷絲縈繞絢采熊熊大當錢有芒曰金錢火
㩢品上上黳然黑色曰鐵㩢如蚓曰鳳涎皆石疵也蕉葉白上
下四旁必有火㩢紋掩映舊坑皎潔比紈素近坑白中雜出青
花青花為上品若澗沚細藻朱碧瑩然纁縷隱隱又如魚兒隊
行青花明顯如石花菜者石工稱為芋紋品中中三洞眼各異
正洞赤圓如珊瑚鳥目石嫩眼侵土氣者若象牙其瞳分明亦
足賞東洞眼碧色數暈對之奕奕射人曰鸜鵒眼圓正明媚者
不易得他洞偶一見之西洞眼黑圓瞳一黍如豉三洞石正洞
下層第一入手濕潤柔膩有生氣磨之與墨相親東洞西側深
處曰飛鼠岩其石有紋曰黃龍斜亙石面正洞亦有黃龍游湯
如雲氣如薄羅亦移人情三洞石俱在水中冬日引水盡乃可

取正洞北潭底水深不可引時有鬼神東洞徑傾仄水工列小童長跪舉杯勺揚水乃涸以故開坑先引水閱月費用至千金舊制把總一專守硯坑律令盜坑石以竊盜論永樂宣德開坑未久俱罷去崇禎末熊文燦總督兩廣指揮蘇萬邦致石工於江西緼火中夜開坑不敢白日中也今守坑久罷凡六開坑工受官役日有程不擇膚理鑿伐圻裂石理日剝精華日盡氣韻顏色不能一執成說要以老坑為定國朝高兆端硯考

端研始於唐盛行於宋端溪硯譜所錄之石今人謂之宋坑以微紅色者為上色如猪肝者為下昔人論硯言人人殊皆由以耳為目此倡彼和真贋莫定惟侯官高兆固齋親至端溪其言頗為詳確然康熙以後開鑿之坑兆所不知即康熙以前之坑亦未能詳盡也石有水坑旱坑之分水坑細而潤旱坑粗而燥今將各坑之名臚列於後

水坑

正洞（今不可得） 東洞 西洞

三洞土人名曰老坑

飛鼠岩（在西洞深處）

岩洞為蝙蝠之巢穴取石者入洞蝙蝠無數撲人頭面又不能執燈是以石工不能採取

龍尾坑 龍爪坑 錦雲端（石俱五色今不可得） 獅子岩 青點巖（今不可得） 碑底洞 老岩洞

麻子坑

乾隆年間高要有陳麻子者開此坑溫潤發墨不在東西洞之下

旱坑

宋坑

今不可得土人於宋坑左近別開一岩色紅不發墨冒稱宋坑

宣德岩今不可得　巖仔坑土名謂之坑仔　阿婆坑　白婆墳

沈坑　蘇坑在蘇州巡檢司轄內　碧落洞　屏風背　白線坑　老崖洞

梅花坑在三水境內多眼而不活旱坑中最下者

恩平坑

石出恩平縣色青類龍尾坑又名茶坑茶山所産也石璞外層五色斕斑阮伯元制軍命工劖刻為研山有霜林一幅丹黃相間極為工緻

附錄

白端石

肇慶府七星岩石也石理細潤而堅不發墨工人琢為硃硯及几案盤盂之類其質理粗者為柱礎海幢寺佛塔將軍署

前石獅皆石也其最白者碎以為粉婦女用以傅面名旱粉

綠端石

產於羚羊峽亦有水旱坑之別水坑琢為硯潤而發墨旱坑

土人制為玩好之器

五道石

產羚羊峽以粗細分為五道治研者以第一道石磨之以次

遞磨至第五道而硯成矣予嘗親試之第一二道無異礪石

下石如泥三四道石質細而不傷硯至五道水乳交融如蠟

塗熱金而研面無磨礱之迹矣豈天生是石為攻硯之用耶

堊土

產於高要縣之官棠山瑩白如蛤粉

白脆

產於陽春山中如錫片鑿則隨碎火之不鎔

續南方草木狀

炳燭老人江藩撰

石柏生陽江大海中宛似側柏輕脆易折又一種赤色乃木變石也

縮砂密即砂仁也產陽春縣山中

段公路北戶錄云山臙脂端州山間有花叢生葉類藍正月開花似蓼土人取含苞者為胭脂粉亦可染帛如紅藍者也

烏藥寰宇記云出康州又云瀧州產禹餘糧

何首烏李遠云以出南河縣及嶺南恩州廣州潘州四會縣者為上康州高州勤州循州晉興縣出者次之此則見本草綱目

布里草政和本草云生南恩州原野中莖高三四尺葉似李而大至夏不花而實食之瀉人根皮甘寒有小毒治瘡疥

龍鬚草太平御覽引廣志曰一名西王母簪今產於廣甯縣似蒲而細織席甚佳

虎耳草有六尖尖有一刺屑之為末遇盜賊順風揚之著身則
骨痛七日不可忍不敢言言則痛更劇産陽春山谷
接骨草出封川陽江一名四季花莖綠而圓葉似指尖花白跌
傷骨節搗爛塗患處可以接骨本草不收
破布葉出陽江陽春恩平狀如掌而綠嶺南身人多用香煙毒
水迷客煎湯服之立解
蒔蘿生佛誓國辛香今嶺南皆有之用和五味
芥藍葉如芥而綠花有鉛不宜多食諺曰多食馬蘭少食芥藍
相傳六祖出家後與獵戶處以此菜投獸肉鍋内隔開煮熟食
之故又名陽藍
石耳肇慶府玉廪峰玉雀子峰石壁多生石耳羣花蔚然采之
於日未出時則肥見日則薄青石有之白石則無
蓮生果名乳瓜土名木瓜樹高一二丈如椶櫚葉如蒲葵近頂

節節生葉生瓜大類木瓜微有楞肉白多脂掐之乳隨指出醬食甚脆子如蠶矢二月下種一年即高數年葉少則伐之樹皮可食嫩如蘿蔔亦可醬食一名萬壽果

人面果樹高數尺大可合抱肉青色土人鹹以鹽蒸食其核如人面有眼合而不開有鼻有口第無兩耳耳

黃芽白即北方之黃芽菜也相傳國初兩廣總督某攜菜子至肇慶命土人種之形味皆同然不及北方之甜美

禾綠柰可蜜漬出陽江

變柑出新州苞大皮薄如洞庭之橘他柑所弗及相傳移植不百里形味俱變因以為名見北户錄

頂湖茶端州白雲山頂有湖僧人於巖際種茶烹之作荳蔻花氣

香荔大如龍眼無核極香出新興

端州有荔曰譚世祥蓋以種荔人姓名爲果名也

沙棠果出廢瀧州其味如李無核食之使人不溺

摩廚子寰宇記云產康州端溪縣一名荊陽樹又名豕樹皮味如脂異物志云斯調州（州陳藏器本草作國）有本名摩樹汁如脂王象之輿地紀勝云德慶府端溪縣端山有樹冬榮其子號曰豬肉子大於杯元和志云炙而食之味如豬肉阮伯元制軍廣東通志曰摩樹子荊陽樹豬肉子一物也或云脂出於皮或云肉生於實乃傳聞異辭耳

蜜望樹高數丈花開極繁蜜蜂望之而喜故名其實色黃味酸甜能止暈船海船兼金購之又有夭桃子大如木瓜渡海者食之不嘔然不宜於歲事諺云米價高食夭桃蜜望一名莽果

卍果形如卍字蒂亦如卍字生食香甘名蓬鬆子

蓬蓬奈華言破肚子產於暹羅如大棗而甜

冬榮子蔓生實大如柚中有瓤辦相疊白如脂炙食甘香

羊齒子一名羊矢如石蓮而小色青味甘

青竹子如桃而圓味酸色黄

漆樹色甚光明而不甚黏出陽春新興德慶

櫨木本草綱目曰名無患者何也昔有神巫能作符劾百鬼以此木爲棒殺之肇慶府志作槵木

木綿花一名攀枝花以吉貝苗接烏桕根結花爲綿

都勾樹太平御覽引劉欣期交州記云都勾樹似棕櫚中出屑如桄榔麪可作餅餌疑即穰木也

吐珠木堅如鐵力色比紫荆出封川

臙脂木堅緻色如臙脂可鏇作器見范成大桂海虞衡志性極耐土不易朽生陽春陽江山谷中

梓大至合抱則爲虎梓惟嶺南有之葉似桐而小木理如楸多

產四會以色紅者為上俗呼羊肝栟可作琴瑟棟梁其色白者為下

海峇樹出陽江海石上狀如樹枝如鐵

梗木數種有畫意

芸香古時芸香乃草葉今之芸香乃山中樹液所結雜諸香焚之可薰衣阮制軍通志云芸香有二種一樹皮一樹液結成者嶺以北多用樹液廣南則用樹皮魚豢典略所云香辟蠹之芸乃芸草非芸香樹也

馬眼香其藤大如臂歲久心朽皮堅自然成香

金鳳花黃色如鳳心吐黃絲葉類槐出七星岩

吊鐘花出鼎湖山木本花紅白色形如鐘皆下垂無仰口者簇生葉下每簇九花嶺南處有之惟鼎湖山所產每簇十二花

䈽簩竹太平御覽引嶺表錄異曰䈽簩竹可為錯子錯甲利勝

於鐵若鈍以漿水洗之還復快利肇慶府志云出陽江新興陽春德慶

柔筍筍小而味美出新興陽春山谷中

廣南禽蟲述　　炳燭老人江藩撰

金鳥太平御覽引廣州記曰廣甯縣有金鳥純白口脚如金其名自呼

鳥鳳桂海虞衡志曰色紺碧頸毛類雄雞鬃頭有冠尾垂二弱骨各長一尺四五寸其杪始有羽一簇冠尾絶大聲清越如笙簫妙合宫商又能爲百蟲之音生溪洞中極難得肇慶府志云出德慶即青鸞也五彩雜形中五音非常有之物

鸚鵡太平御覽曰羅春勤等州多鸚鵡翠毛丹嘴可效人音但不及隴山者每群飛數百山果熟時遇之立盡忌以手捫背犯者即不飲不啄而死

淘鵝即鵜鶘一名逃河陽江人謂之水流鵝下水取魚頤下皮袋盛水二升許以養魚每淘河一次可充數日之食漁謡云水

流鵝莫淘河我魚少爾魚多竹弓欲射汝奈汝會逃河其詞頗
近古樂府
雲白鳥出肇慶能禁蛇
天蠶出陽江飼以樟楓葉三月以熟醋浸繭抽絲長七八尺色
如金堅韌異常用以緣蒲扇邊
山蛤在山洞中似蝦蟇而大黄色不食能伏息吞氣飲風吸露
山中人煮以供盤餐
荔支蟲色黑有翅生荔支樹上食鮮荔含漿者
鱗介述
蚺蛇陶宏景言出晉安蘇恭云出桂廣以南恩賀等州今近廣
西諸縣皆有之以紆行舉頭者為真
鱊魚作腊名鵝毛脡北戶錄曰廣州之恩州出鵝毛脡用鹽藏
之其細如毛味絕美明一統志曰陽江人呼為春魚

鰽白魚口濶目大色白肉中細骨參差頗不適口而有殊香令人忘多骨之恨陽江最多

嘉魚出肇慶頭如鼠其鱗土人以豕膏炙之光如明珠鱗中有脂甚肥美

竹魚桂海虞衡志云出灕水似青魚味如鱖今出封川色如竹葉

鱘魚端溪出此魚春日浮水面見日則眩漁者于有日影處取之又名鱘龍

文魚出閩建好食岸邊蒿艾烹之作艾氣一名青衣魚似鯉

⿰虫蔦魚太平御覽引沈懷遠南越志云正黃而美故謂⿰虫蔦魚夜則有光嶺表錄異曰即橫魚頭觜長鱗皆金色今陽江有此魚似鯽而白肉性喜溫臘月漁人立水中魚爭來附足可掇取也

魚苗嶺表錄異曰新瀧等州山田揀荒平處開為町疃伺春雨

印中貯水即買鯇魚子散於田內一二年後魚兒長大食草根並盡既為熟田又收魚利及種禾且無稗草乃齊民之上術也粵東筆記云魚花產於西江南海有九江村多以魚花為業

紅龜李紳追昔遊集趨翰苑遭誣構詩自注余到端州有紅龜一州人李再榮來獻稱有里人言吉徵也余放之江中回頭者三四遊泳前後不去久之

六目龜文獻通考政和四年端州進六目龜

石蟹北戶錄云恩州出石蟹今恩平縣無石蟹藥肆中所貯者皆出廣西

珍珠蠔殼內生珠似蠣房而小

獸述

石羊出高要山中似羊而高大長角一孔三毛服用柔而能久此肇慶府志之文不甚了了姑錄之以俟考

羚羊高要羚羊峽有羚羊角多節夜則掛角樹間

烏犍牛出陽春電白等處毛色光膩即犪牛也

潛牛生西江中形似魚能上岸與牛鬥角軟還入水堅則復出鄺露赤雅云東粵曰潛牛西粵曰州留

果下馬桂海虞衡志云出德慶之瀧水者為最高不踰三尺駿者有兩脊故又名雙脊馬健行失名雜記云馬卑小可行果樹下故民謠云果下馬相逢為郎下果下牛相逢為儂留亦名石馬果下牛牛之卑小者如蒙古之菜牛不能耕作為盤餐之用而已

山馬近廣西深山中皆有之而陽江尤多似馬有角肉如牛味美其皮可為臥具能禦濕

三足鹿德慶青旗山中有此鹿相傳秦時龍母蒲媪乘白鹿以出入農人惡其害稼毋乃斷一足放之至今有此種

騰豺山出豺以其捷於騰樹謂之騰豺山中又有狼作聲諸穀皆動尾大好食犬羊并攫小兒封川亦產此種

竹鼠御覽引交州記云如小狗食竹根出封川即竹鼬也亦名竹㹠味如鴨肉

紅飛鼠嶺表錄異曰出交阯及廣管瀧州有毛茸茸然惟肉翼淺黑色多雙伏紅蕉花間採捕者獲其一其一不去婦人帶之以為媚藥

猴肇慶高廉欽化羅等處皆產猴不減於瓊南也

猿瓊南產猿玉面黑毛通臂長不滿二尺畜之者飼以果實善伺人意